コンサバメイク革命

ヘアメイクアップアーティスト
笹本恭平

KODANSHA

SASAMOTO'S MAKE-UP

5 RULES

ささにぃ流 #洒落コンメイク

この本を通じて皆さんにお伝えしたいのは「#洒落コン」メイク、つまり、洒落たコンサバメイクの極意と具体的なテクニック。コンサバってなぜかあまりポジティブに捉えてもらえない言葉なのが僕はかねがね悔しいんです。だって、もともと素敵なファッションだし、メイク次第でもっとお洒落にできるから。本編に入る前に、メイクをするうえでいつも皆さんの念頭に置いておいてほしい5つのルールをお届けしたいと思います。意識するだけでセンスも仕上がりも洗練されるはずですよ。

RULE 1

柔らかさや血色感、女性として持ちうる"素材"の魅力を最大限に引き出してあげる

素肌の透明感や柔らかなニュアンス。僕のメイクはいつも、女性だからこその美しさを引き出して素材を輝かせることを大切にしている。

RULE 2

メイクを単体で考えない
ファッションの一部として
トータルバランスを意識する

メイクをするときは絶対にファッションとのバランスを意識しよう。そのためには、顔だけに集中するのではなく、引きの視点を取り入れることが大切。顔全体のバランスもコーデとのリンク感もキャッチすることができるからね。

RULE 3

#洒落コンメイクの定義は やりすぎない、けど、 やらなさすぎないこと

トゥーマッチなメイクだと抜け感を感じられないし、ノーメイクに近すぎても物足りない印象に。
#洒落コンメイクにはちょうどいい塩梅のメイク感を目指してほしい。なんとなくでメイクせず、効果を考えながら繊細に紡いでいこう。

大切なステップをはしょったり、コスメを顔にいきなりのせる横着はもうおしまい。10分でも多く時間をかけてディテールにまでこだわったメイクを。

RULE 4

一気に仕上げようと横着しない 細部にこだわりながらメイクする

RULE 5

毎日同じ顔じゃなくていい
みんなと同じ顔じゃなくていい
なりたい自分は毎日自分で作る

メイクに「こうじゃなきゃいけない」なんてステレオタイプはいらない。
自由なマインドでなりたい自分を目指すのが「#洒落コン」。
コンサバという枠の中でメイクを楽しもう。

O T N S

C
N
E
T

とにかく品を

僕がヘアメイクをするとき常に心がけているのが、品のよさを引き出すこと。決して大袈裟な話ではなく、品さえあればどんな表情でも素敵に映るという確信があります。その〝品〟を引き出すためには、メイクを丁寧に進めていくことや、必要な部分にだけすること、色の合わせ方のバランスを考えることがとても大切。一度スタンダードなメイクを完成させたうえで、アレンジを加えていくのもアプローチのひとつだと思います。

今ってメイクもファッションもラフなテイストがイニシアチブを獲得していますよね。特にヘアメイクに関しては、昔に比べるときっちり感をそこまで求めることがなくなった。アイシャドウやリップを指でカジュアルにのせることも当たり前のようになったし、眉だってボサボサチックな立体感がよしとされていたりする。ヘアスタイルもピシッとさせることってほとんどなくなりましたよね。むしろ、わざと崩したり、毛束をほつれさせることで柔らかなニュアンスやこなれ感を狙うのがスタンダードになった。でも一般的に〝抜け感〟と呼ばれるムードは、ベースに品がないと成立しないんです。この品が損なわれてしまうことで、自分ではカジュアルに振ったつもりでも、ただ疲れているように見えたり、雑な人に見えたりすることが多々あるということを、#洒落コンを目指す皆さんには、まず念頭に置いてほしい。

じゃあ、その品はどのように培ったらいいのかと問われれば、ライフスタイルや心がけなど、その人の内面的な部分を磨くのが一番だと僕は思います。

日々を丁寧に紡いで、周囲の人も自分のことも大切にできる女性って、誰の目からも素敵に映ると思いませんか？

姿勢はいいに越したことがないし、言葉遣いが美しい人の方が魅力的に映るという現実も。

マインドも、上品かどうかを左右する要素。思考回路を健やかにしておくことや誰かを思いやる気持ちも品につながってくると思うんです。いつもツンケンしていたり、マイナスな発言が多かったり、誰かを攻撃したりするのが日常的になっている人は、自然と魅力が半減。どんなに着飾っていても品が欠落しているぶん、何かを取り繕っているようにしか見えない気がします。それじゃ、ヘアメイクをどんなにがんばっても台無しになってしまう。そんなの、もったいないですよね。

まずは毎朝、いつもより10分、早起きするところから始めてみるのがいいと思います。慌ただしい朝に時間がないのは僕だって百も承知。でも、早く起きて獲得した10分が思いの外、心に余裕を連れてきてくれるんです。その時間を使って、じっくりスキンケアをするもよし、モーニングコーヒーで一息つくもよし、いつもよりヘアメイクに時間をかけるもよし。どんな方法であれ、自分自身を愛でる余裕が生まれるところから品は培われていくんじゃないかな。

自分の根底に〝上品さ〟を宿すことが、メイクをブラッシュアップするための第一歩。

どこかに柔らかさを

皆さん、気がついていないかもしれませんが、女性には誰しも柔らかさがあるんです。僕たち男性と比べて、肌質がすでに全然違う。ふわふわなんですよね。素のままで女性らしい表情を連れてきてくれるから、メイクをするときはいつも柔らかさを消さないように、活かすように心がけるのがいいと思います。

具体的にはナチュラル感を大切にすることが大事。メイクが厚ぼったくなってしまうとせっかくの柔らかさがどんどん削ぎ落とされてしまって、もったいない。特に大切なのがベースメイク。適度なツヤ感を大切にしながら気になる部分だけをピンポイントでカバーして透明感たっぷりに仕上げて。チークでさりげない血色感を演出すれば、誰でも簡単に柔らかなムードを叶えることができます。

それから、メイクに対する姿勢も柔軟でいてほしいんです。雑誌の仕事で読者の方にお目にかかると、いつのまにかメイクのスタイルが固まってしまっている人がすごく多い気がするんです。年齢を重ねることによって自分自身の肌質は少なからず変化していくわけだし、世の中のトレンドだって明らかに移り変わっているのに、使っているコスメやメイクのプロセスだけが置いてけぼりになっていたら、どこか野暮ったくなってしまうのは当たり前。**持ち前の柔らかな雰囲気を大切にしながら心を柔軟に構えるだけで顔つきが見違えますよ。**

どこを主役にしたいか決める

服のコーディネートを組むときに「今日はこれが着たい」っていう主役のアイテム、あるじゃないですか。メイクもそれと同じ発想で考えてほしいなって思います。

まずはじめに、主役として使いたいコスメを決めてあげると、その日のメイクがうまく組み立てられる気がするんですよね。

主役にするコスメがリップやチークなどポイントメイクの場合は、ベースメイクと眉がなんとなく完成した時点で、すぐに塗ってみることが大切。そのうえで、「もうちょっと足した方がいいかな」とか「このパーツは控えめにしておこうかな」とか、ヒロインのコスメが引き立つようにバランスを見ながらメイクを進めていけば、十中八九、洒落顔に仕上がる。

主役にするコスメを最後に投入すると、「思ったより印象がトゥーマッチになっちゃった……」なんてことになりかねない。そこまで完成させてしまうと主役を辞退させる選択肢しかなくなってしまうので、この順番は何が何でも守ってほしい。

大人の可愛いは1個まで

わかりやすい色だと、ピンク。可愛くて女性らしい色で、ピンクを上手に使いこなせている大人って素敵だなって思うんです。でも、年齢を重ねるにつれてメイクに取り入れるのが難しくなってくるのも事実。

だからって可愛い色を諦める必要は全然ないと思うんです。むしろ、年齢なんて関係なく、好きな色をメイクに取り入れてほしいと思うからこそ、意識してほしいことがある。

#洒落コンを目指す皆さんには、可愛い色を使うパーツを1ヵ所に絞っていただきたいんですよね。僕からのお願いでもあります。

可愛い色って大抵、ほんの少し使ってあげるだけで顔の中で存在感を発揮してくれるんです。主役にするよりもいつものメイクに1個だけプラスするくらいの気持ちで楽しむ方が、絶対に印象がこなれて見えるはずだから、試してみて。

半分やって、

メイクって〝やって、戻って〟を繰り返しながら進める方が間違いなくお洒落に仕上がるんです。僕たちプロのヘアメイクも気を抜くとやってしまいがちなんですけど、ひとつのパーツに集中して一気に100点を作ると無意識にどんどんメイクが濃くなってしまう。仕上がりがどえらいことになってたりするんです。そうなると顔全体を引きの視点で見て「ここ、やりすぎちゃったな……」って思っても、引き算するのが非常に難しくなるんですよね。

そんな事態に決して陥らないためにも、アイライナーをちょっと引いて鏡でチェックして、アイシャドウをポンポンとのせて鏡でチェックして……みたいなやり方をオススメしたいんです。そして、このとき大切になってくるのが引きの視点。手鏡だけを使って局所的にメイクを仕上げていくより、姿見と手鏡の両方を駆使して、ズームアップと引きの視点を交互に持つことが非常に重要。この意識だけでバランスのいいメイクを作り上げることができますよ。

半分戻る

肌は一枚に見せろ

ここではベースメイクのお話をしたいと思います。僕が思うに、ベースメイクをするうえで一番大切なことは、肌を一枚に見せることなんですよね。まるで素肌そのものが光を放っているかのようにトゥルンとした肌が、理想的。凸凹の道を舗装するイメージに近いかな。作り方は意外と簡単で、下地とファンデーションを高級なミルフィーユのように薄く繊細に重ねたら、気になる部分だけをピンポイントでカバーしてあげれば、ほぼほぼ完成。誰でも簡単に、一枚仕立ての美素肌感を手に入れることができます。ちょっと、想像してみてください。よっぽど親密な関係でもない限り、外出先で顔を合わせる相手との間には結構距離があるから、ニキビやシミみたいなちっちゃなトラブルを隠していることなんてほぼバレないんですよね。思っているほど、見られてないっていうか。それにそもそも、トラブルを全部隠すなんて無理。目立つものだけ隠して、頬とか広い面積の部分を整えてあげれば、目の錯覚で充分キレイに見えるんです。何より、ベースメイクは軽ければ軽いほど、印象がこなれて見えてるから、＃洒落コンメイクに厚塗りはNGでもあります。でも、大人になるとそんなふうに薄いツヤ肌を作り込む勇気を持つこと自体がなかなか難しい。若い頃と違って、朝起きた瞬間に顔色がどんよりくすんでいることがあるから、下地もファンデーションもきちんと塗って、化粧品のチカラで肌色をトーンアップさせたくなってしまうことがしばしば。それから、大人の肌にはトラブルや悩みもつきものですよね。シミだったり、吹き出物だったり、毛穴の凹凸だったり……カバーしたいところがいくつもあったりする。それらをカバーするためにコンシーラーや部分用下地、コントロールカラーやハイライトを駆使しているうちに、自分でもびっくりするくらい厚塗りになってしまうという落とし穴が！　あれこれ塗り重ねて気になるところをカバーしまくった肌って、隠蔽感が出てしまうじゃないですか。ニキビをコンシーラーで隠したつもりなのにカバーした部分が逆に悪目立ちしている、なんていうのがわかりやすい例だと思うんですが、そういう肌って顔全体で「私の素肌はキレイじゃありません」と宣言しているようなもの。カバーすることに意識が奪われすぎた結果、本末転倒になるのはもうやめにしませんか？　そう心に決めるだけで、あなたのお洒落偏差値は一気に上昇するんじゃないかな。

BASE MAKE-UP

ささにぃ式 大人の#ほどツヤベースメイク

ツヤツヤでウェットな肌も素敵だし、韓国人メイクのマットな白肌も可愛い。でも、どちらも大人には難しいんじゃないかなというのが僕の見解。アラサーに差し掛かったら、そこから先はほどよいツヤ感のあるフレッシュな肌を目指してほしい。「ほどツヤ」って、肌色がトーンアップするのにナチュラル感もキープできて、願ったり叶ったりの質感なんですよ。ポイントは、ハイライトとかひとつのアイテムで局所的にドカッとツヤを与えるのではなく、ツヤ肌を目指せるコスメを繊細に重ねていくこと。皮脂が出やすいTゾーン&小鼻とヨレやすい目のまわりだけ薄ーくお粉をはたいてさらっとさせてあげれば、ほどよくツヤッとした肌のいっちょあがり。ちなみに、ほどツヤ肌には、土台の水分量がものすごく重要。ベースメイクは毎日のスキンケアを丁寧にするところから始まると思っています。

3つの#ほどツヤ条件

- ✓ 下地やファンデーションを薄く繊細に重ねて上品なツヤを作る
- ✓ 崩れやすいTゾーン、小鼻、目のまわりに薄くお粉を重ねる
- ✓ 肌そのもののうるおい力も大事 日々のスキンケアで土台を育む

#ほどツヤ肌はスキンケアで仕込め

これさえありゃ、間違いない！ ささにぃ's LEGEND ITEM 6選

僕のベースメイクはスキンケアからスタートしてるんです。うるおい満タンで内側からツヤめく素肌を育めたら、理想の肌作りは半分叶ったも同然。

DAY

肌への優しさとリッチな保湿力を兼備したアイテムで、内側からツヤめくうっとり&もっちり肌を目指そう。

c

d program

バランスケア エマルジョン MB

「重すぎない、けど、軽すぎない質感がちょうどいい。保湿力もバツグンで弾むような肌に変わります」100㎖ ¥4070／資生堂インターナショナル[医薬部外品]

b

FEMMUE

ルミエール ヴァイタル C

「ビタミンC誘導体と3種類の美白成分を配合した美容液。肌のキメがピシッと整列して素肌そのものが発光しているような質感に」30㎖ ¥8800／アリエルトレーディング

a

d program

バランスケア ローション MB

「僕が化粧水に求めるのは、極力刺激が少なくてきちんと保湿してくれるもの。肌が揺らいでいる日も安心して使える」125㎖ ¥3740／資生堂インターナショナル[医薬部外品]

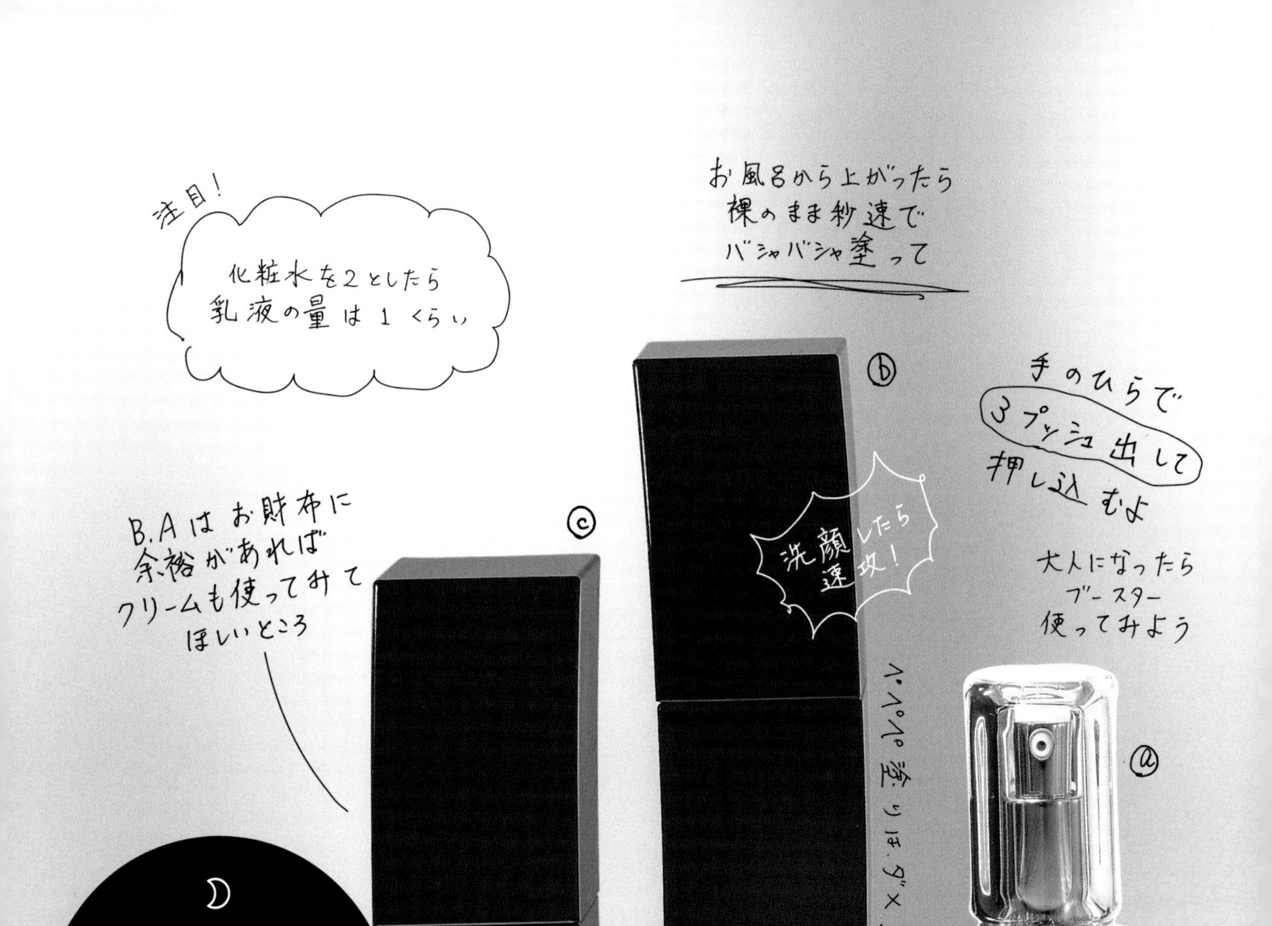

NIGHT

正直、ちょっと高いけど上質なものでお手入れすると肌は格段に美しくなる。投資する価値しかない。

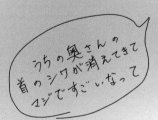

c

B.A

ミルク

「オイルインタイプの乳液が肌を驚くほどふっくら！ スキンケアのラストは乳液かクリームの油分で、ここまでで与えた水分を肌に閉じ込めて」80mℓ ¥22000／ポーラ

b

B.A

ローション

「あらゆる年齢サインにアタックしながら肌の底からしっとり、ふっくら。お願いだから、もうこれ以上入らないってくらいたっぷりつけてほしい」120mℓ ¥22000／ポーラ

a

clé de peau BEAUTÉ

ル・セラム

「なじませた瞬間、肌のすみずみまで浸透して肌の水分量をアップ。化粧水の前にコレを投入するだけで質感が見違えるんです」50mℓ ¥27500／クレ・ド・ポー ボーテ［医薬部外品］

擦《こす》ったら細胞死ぬよ！

ささにぃ式押し込みスキンケア

肌の大切な細胞を守るために、化粧水や乳液を塗るときは絶対に擦らず、優しく丁寧に手で押し込むのがルール。朝のケアはベースメイクの第一ステップでもあるからとても大切。しっかり向き合おう。

START

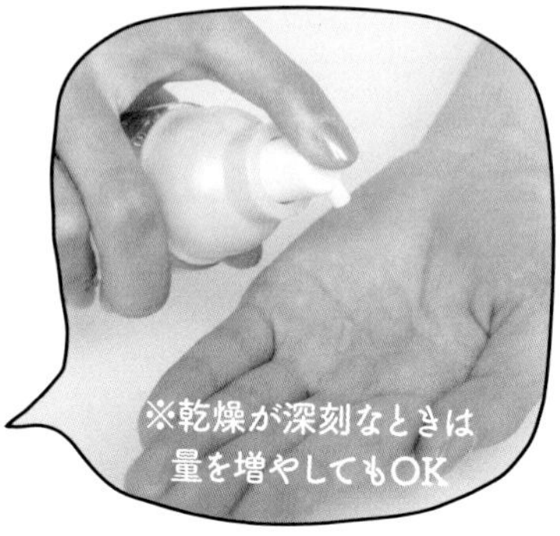

化粧水を手のひらに 2プッシュ取り出す

両手のひらに化粧水をなじませてから、顔を手で包み込むように押し込む。手をくの字にして位置をずらしながら顔全体にまんべんなく行き渡らせて。

うるおいの土台作り

化粧水

dプログラム
バランスケア ローション MB

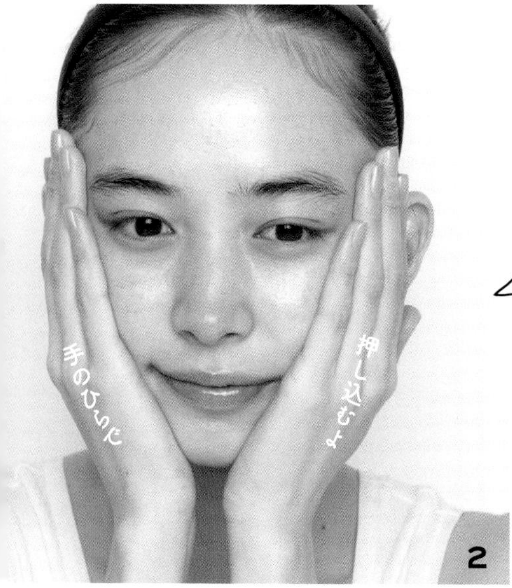

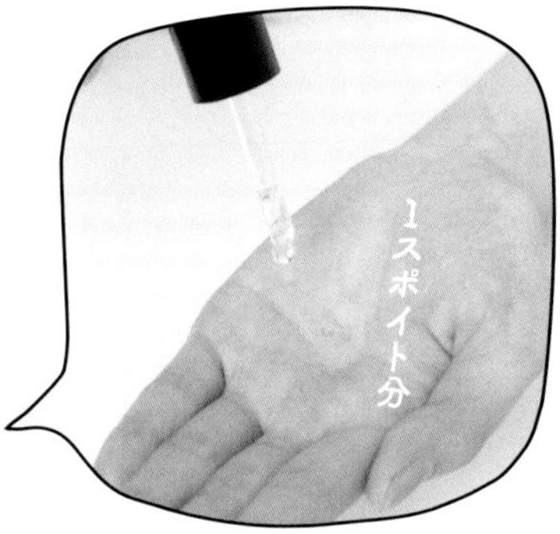

美容液もハンドプレスで 優しく押し込んでいく

美容液1スポイト分を手のひらに出す。両手のひらを重ねてなじませたら、化粧水と同じ要領で肌に押し込んでいく。優しいタッチで顔全体になじませて。

うるもち感を引き上げ

美容液

FEMMUE
ルミエール ヴァイタル C

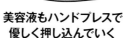

ツヤ＆ハリ肌の要！

乳液

dプログラム
バランスケア エマルジョン MB

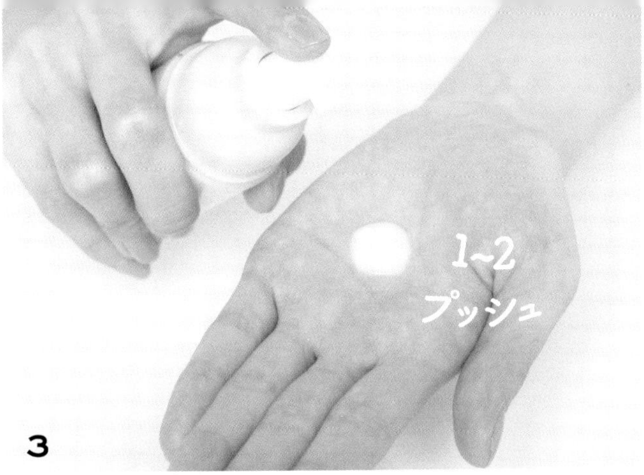

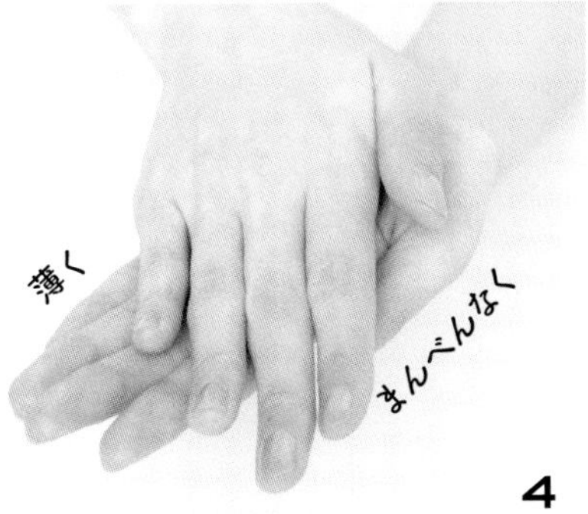

乳液を手のひらで人肌に温める

3 乳液を1～2プッシュ手のひらに出す。**4** 顔になじませる前に両手のひらに薄くまんべんなく広げて。人肌に温めることで肌への浸透力がアップするよ。

ハンドプレスで優しく押し込んでいく

乳液をなじませた手のひらで顔を包むように、優しく押し込みながら浸透させる。手の位置をずらしながら顔のすみずみまできちんとなじませるように意識しよう。

上質な肌は上質なアイテムから

#ほどツヤ ベースを叶えるアイテム、これだよ！

あらゆるベースメイクを試してきた中で、忖度なしに「めちゃめちゃいい」と思ったアイテムだけを
ご紹介したいと思います。美肌への道はアイテム選びから ！

Primer
（下地）

上品なツヤを仕込むための立て役者。肌の補整力に加えてトリートメント効果も期待できるものならなおよし。春夏は紫外線カット効果の高いものがオススメ。

c

DECORTÉ

AQ ミリオリティ
デイトリートメント プライマー

「美容液!? ってくらい肌が若返るから、現場で使うとモデルさんたちがみんな感動してます。補整力もバッチリ」SPF12・PA+
30㎖ ¥11000／コスメデコルテ

b

LA ROCHE POSAY

UVイデア XL

「ノーカラーの日焼け止め。ツヤ感を消さずに紫外線から肌を守り抜いてくれる素晴らしさ！そのうえ、肌に優しい」SPF50・PA++++
30g ¥3740／ラ ロッシュ ポゼ

a

clé de peau BEAUTÉ

ヴォワールコレクチュールn

「肌の凹凸をつるんとフラットにして、シミやくすみをカバー。肌色をピンクっぽくトーンアップしてくれる名品」SPF25・PA++
40g ¥7150／クレ・ド・ポー ボーテ

Foundation

（ファンデーション）

ツヤとカバー力がしっかりあるのに仕上がりが厚ぼったくならないことと、テクスチャーがシャバシャバしすぎてないことが僕的ファンデーション選びの極意。

d

SHISEIDO

シンクロスキン ラディアント リフティング ファンデーション

「ツヤッとするんだけど密着感やなじみ感が素晴らしい。光のカバー力で小ジワや凹凸を飛ばして、肌をリフトアップ」30g 全12色 SPF30・PA++++ ¥6600（生産終了）

c

SUQQU

グロウ パウダー ファンデーション

「パウダリーの粉っぽくなってちょっと老けるイメージを一掃。ツヤが出て重ねても厚みが出ない。僕はいつもブラシでサササーッてのせてます」全9色 ¥7700（セット価格）

b

DECORTÉ

AQ ミリオリティ リペア トリートメント セラム ファンデーション

「ほぼほぼ美容液。カバー力もめちゃめちゃあって、シワが一瞬で消えるし、メイク仕立ての肌を崩れにくくしてくれる」SPF25・PA++ 全7色 30g ¥27500／コスメデコルテ

a

LAURA MERCIER

フローレス ルミエール ラディアンス パーフェクティング クッション

「毛穴が本気で消えるのにナチュラルな仕上がり。ポンポン肌に置くだけでツヤも出るんです」SPF50・PA++++ 全8色 ¥6600（セット価格）／ローラ メルシエ ジャパン

c

KesalanPatharan

アンダーアイブライトナー

「黄色って特に赤いニキビを消すときに便利なんですが、これは本当に少量で消し去ってくれるんです」¥3300／ケサランパサラン

b

DECORTÉ

トーンパーフェクティング パレット 01

「4色のバリエーションが絶妙。混ぜればあらゆるトラブルを薄ーくキレイにカバーできるところに感動」¥4950／コスメデコルテ

a

Celvoke

ムード パレット 01

「色を自分の肌に合わせて調整できるのが便利なパレット。ニキビ跡や青グマ、くすみの撃退にオススメです」¥4400／セルヴォーク

柔らかいから凹凸を埋めるのもお茶の子さいさい
ここまでの黄色はなかなかないよ
軟らかなテクスチャーもいい
DECORTÉ
DECORTÉ
laura mercier
Amplitude
LUNASOL
shu uemura
shu uemura
shu uemura
どうにでも使える名品
広げたりぼかしたりしなくても塗るだけでキレイに仕上がる
なんじゃこら ってくらいみずみずしい
これでカバーすると肌が透き通るんです

Concealer

（コンシーラー）

コンシーラーってテクスチャーや色のトーンによって用途が異なるんですよね。その日の肌の調子に合わせて使い分けられるように、複数常備しておくのが◎。

g

LUNASOL

グロウイングトリートメント リクイド 03

「血行がよくない人がこのオレンジをちょっとつけるだけで顔色がよく見える。肌のトーンも上がるんです」¥3520／カネボウ化粧品

f

Amplitude

リキッドコンシーラー 02

「軽めのテクスチャーで、光で肌のアラを隠せるのが衝撃。肌の調子がいい日はファンデーションとしても」¥6050／アンプリチュード

e

LAURA MERCIER

シークレットコンシーラー 2

「硬めだから点でも置けるし、なじませれば面でも使えてオールマイティ。カラバリも6色と豊富」¥3190／ローラ メルシエ ジャパン

d

shu uemura

カバー クレヨン［上から：9YR/5YR、7YR、3YR］

「硬めのクレヨンなので、シミやニキビ跡など凹凸がないフラットな部分をピンポイントでカバーできる」各¥3300／シュウ ウエムラ

Face Powder

（フェイスパウダー）

フェイスパウダーを選ぶときに大事にしているのは、他のベースアイテムと同様、ツヤ感が出せるかどうか。薄づきなのにきちんと仕事をしてくれるか、毛穴落ちせずにフレッシュな仕上がりが続くかも重視しています。

薄くまとうだけで
オーラが漂うよ
キレイな仕上がりが
びっくりレベルで続く
ⓐ
ⓒ
ⓑ
塗ってるのを忘れる
レベルで粉感ゼロ
こんなに白いのに
白浮きしない！

c

NARS

ライトリフレクティング セッティングパウダー プレスト N

「クリアな発色で肌色をトーンアップしながらトラブルを光で飛ばしてくれる。お直しにも便利」¥5500／NARS JAPAN

b

Celvoke

レアファイ ルースパウダー

「繊細なパール入りで肌にツヤッとしたハリ感を自然に演出。皮脂吸着パウダー入りでヨレ知らず」¥4950／セルヴォーク

a

DECORTÉ

AQ ミリオリティ フェイスパウダー n

「美容成分をたっぷり配合。めちゃめちゃキメ細やかで毛穴や小ジワもつるんとカバー」30g ¥22000／コスメデコルテ

ささにぃ式 大人の#ほどツヤベースメイク 完全実況中継

均一塗りで肌色をトーンアップ

下地

上品なツヤを仕込みながら肌色を補整する下地は顔全体に均一に塗るのが僕のセオリー。

USE IT

クレ・ド・ポー ボーテ
ヴォワールコレクチュールn

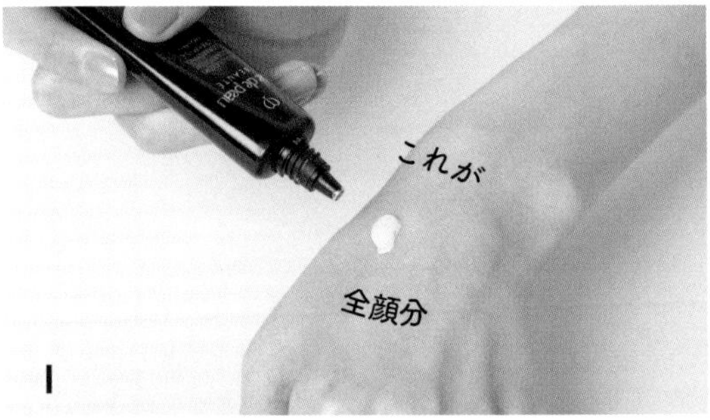

1

パール一粒大を手の甲に出す

いきなり顔の上にのせずに、絵の具を塗るときのパレット感覚で一度手の甲に出すのがルール。顔全体に薄く、均一に塗っていくよ。これだけで肌色の補整は半分完了。

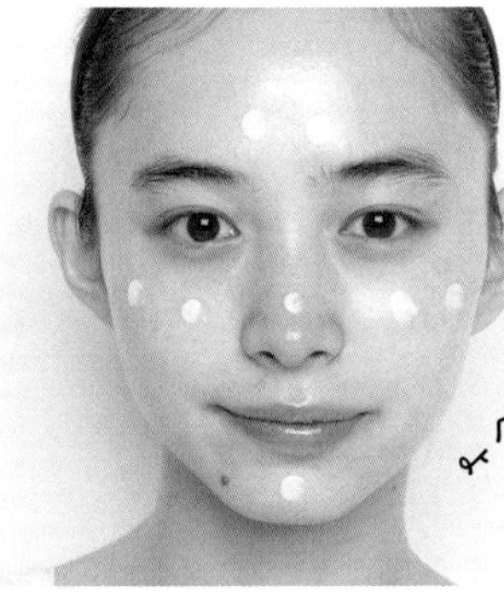

2

1で出した下地を顔に8点置き

手の甲に出した下地を指の腹にとり、おでこ、左右の頬に2ヵ所ずつと、鼻先、あご先の計8点にチョンチョンのせていく。あらかじめ小分けにしてのせておくと薄くのばしやすい。

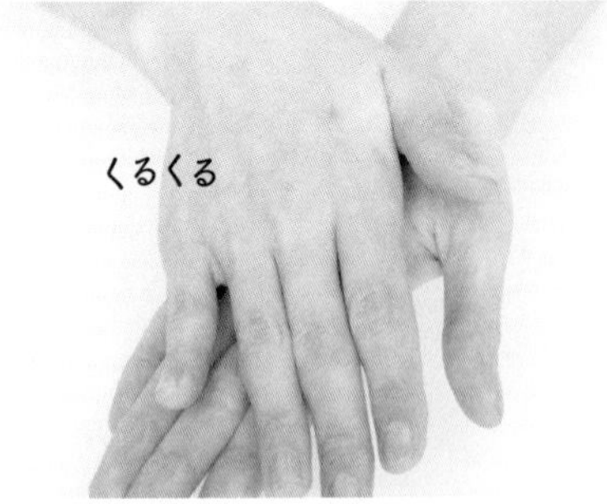

3

余りを手のひら全体になじませる

2で手の甲に残った下地を手のひらに移して、両手を重ねてくるくるなじませる。人肌でとろけさせながら薄く均一になるまで手早くなじませるのがポイントだよ。

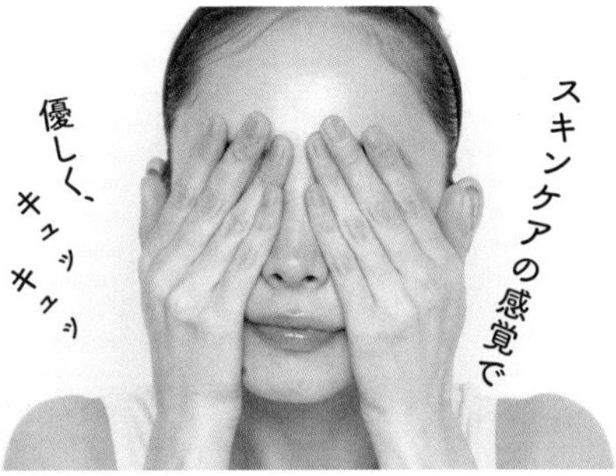

4

顔全体に下地をなじませていく

2で8点置きした下地を手で手早くのばしていく。おでこ、頬、あごは内側から外側へ、鼻は上から下へすべらせて。仕上げにハンドプレスで優しく押し込んで密着させる。

5

手に残ったぶんを首までのばす

顔と首の色があまりにかけ離れていると顔だけ白浮きしてしまうので要注意！　手に残ったぶんを首までのばして、素肌そのものがナチュラルで美しい印象を目指そう。

僕がベースメイクで目指すのは、ツヤツヤすぎず、マットすぎず、
必要な部分だけツヤを放つように仕上げる、ほどよいツヤを放つ肌＝ほどツヤ肌。
誰でもフレッシュに映る魔法の質感だよ。

顔の内側に薄ーくがルール

ファンデーション

手で薄く広げたあと濡らしたスポンジで密着感をアップすれば、セルフでプロ級の仕上がりに。

USE IT

コスメデコルテ AQ ミリオリティ
リペア トリートメント セラム
ファンデーション

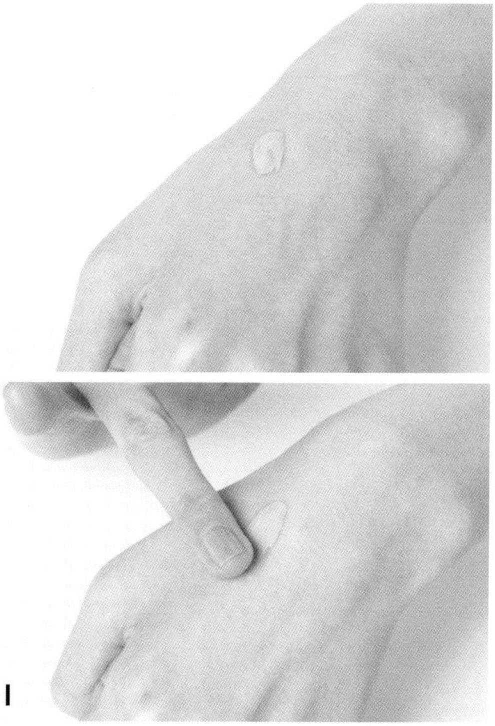

1

パール1粒大を手の甲に出す

ファンデーションを手の甲に出したら、指の腹で少しずつ顔にのせていこう。最近のファンデーションは少量でよくのびるから、物足りないくらいの量がちょうどいい。

タッピングしながら
なじませるよ

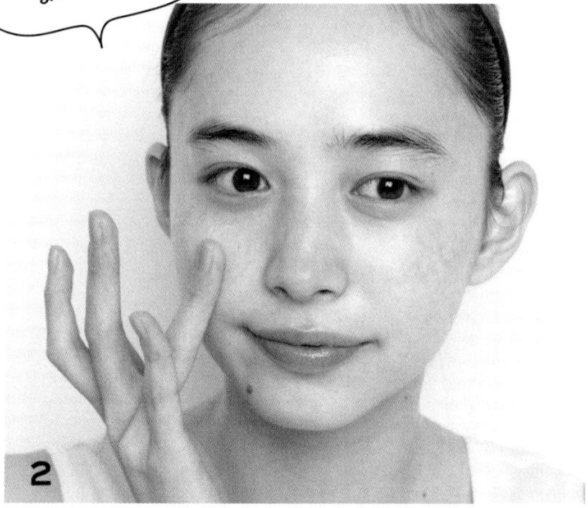

2

頬の内側から外側へトントン

頬の内側から外側に向かって指で小刻みにタッピングしながら肌になじませていく。小鼻や口のまわりなど凹凸がある部分も丁寧にフォローすると仕上がりに品が宿るよ。

3

スポンジで肌に密着させよう

水で濡らしてギュッと絞ったスポンジで顔全体を優しくトントン。乾いたスポンジが肌に触れるとファンデーションを吸ってしまうから、濡らすひと手間ははしょらないでね。

USE IT

ロージーローザ
ジェリータッチスポンジ
ハウス型 6P
¥528

隠したいところだけピンポイントで

コンシーラー

下地とファンデーションで、すでにおおよそカバーできているから、ミニマルにしとこ。

ベースアイテムは
なんでも使う前に必ず
手の甲に出します
分量、調節できるしね
1

コンシーラーを手の甲に出す

いきなり顔にのせるとドバッとついてしまうことがあるから、まず最初に手の甲に出して様子を見てみよう。

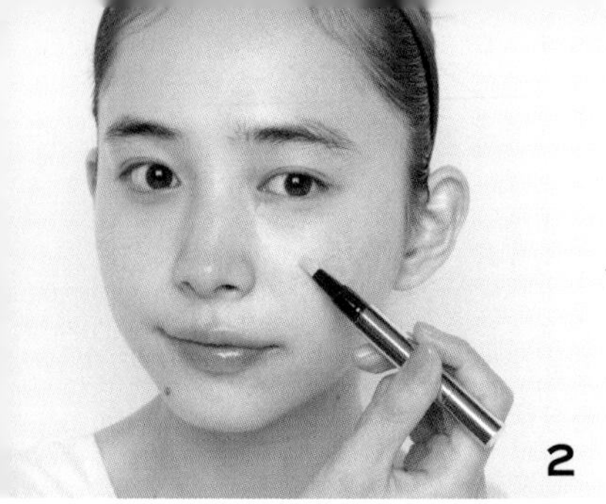
2

目の下に放射状に直塗り

クマが目立ちやすい目の下をカバー。目頭の下を起点に放射状にペンタイプのコンシーラーをスーッスーッとのせていく。

小刻みに
トン
トン
トン
3

濡れたスポンジでなじませる

水で濡らしてギュッと絞ったスポンジで、**2**でコンシーラーをのせた部分をトントンと小刻みにタッピングして肌と一枚仕立てに。

顔の広い面までキレイに
見せちゃおう！
4

頬全体に薄くなじませて

クマの上にコンシーラーが密着したら、スポンジに残ったぶんを頬に広げて。ファンデーションとの境目を曖昧にするのが目的。

USE IT

ロージーローザ
ジェリータッチスポンジ
ハウス型 6P

アンプリチュード
リキッドコンシーラー
02

小顔効果絶大で侮れない

仕込みシェーディング

さりげなく入れるだけで影になって輪郭を引き締めてくれるから、仕込んで正解。

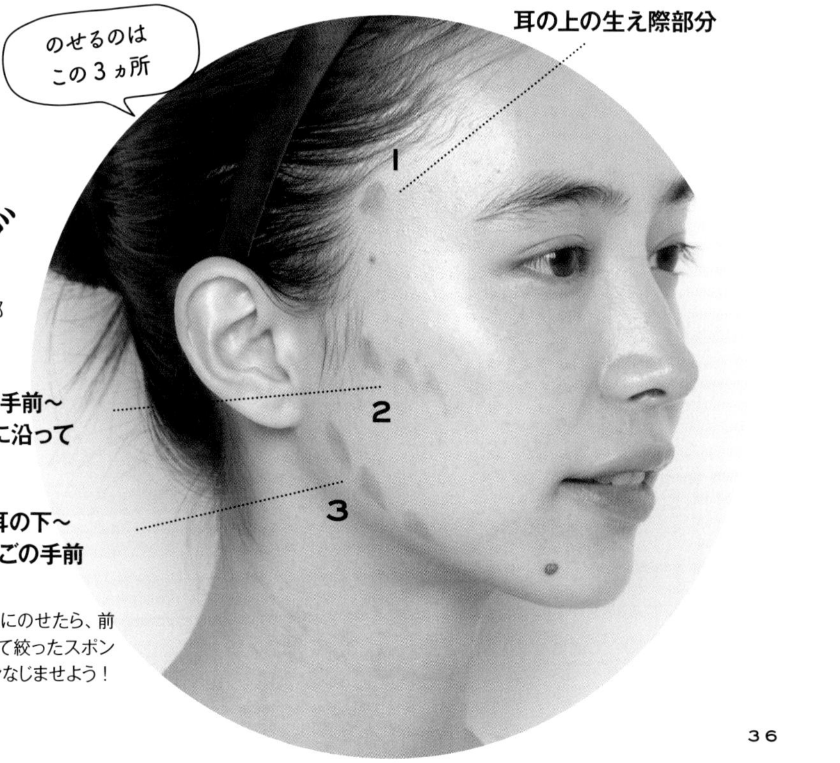
のせるのは
この3ヵ所
耳の上の生え際部分
1
耳の手前〜
頬骨に沿って
2
耳の下〜
あごの手前
3

所定の位置にのせたら、前出の濡らして絞ったスポンジでトントンなじませよう！

USE IT

アディクション
チーク スティック
Nocturne

血色感はここで潜ませる

仕込みチーク

このタイミングで練りチークを仕込んでおくとこのあと重ねるチークが薄くて済むのもいい。

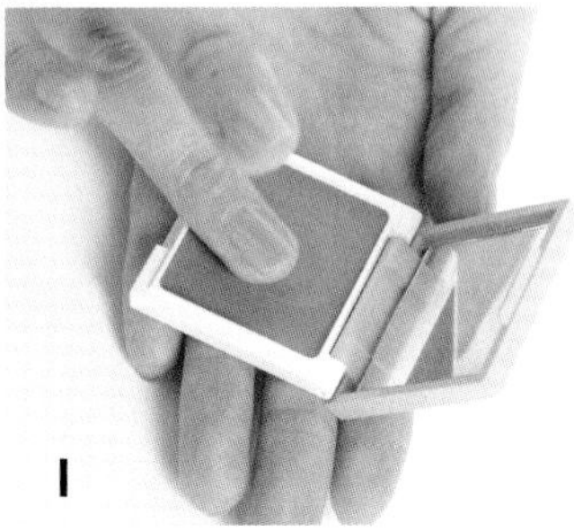

指の腹にチークをとる

指にチークをとったら、一度手の甲にのせてくるくるする。

アウェイク
チアミーアップ
グロウイング
ブラッシュ&リップ 03

頬に楕円形になじませる

頬骨に沿って楕円形になるように頬の内側から外側に向かって優しいタッチでトントンと溶け込ませよう。

CHECK!

このスポンジが、僕の中で優勝

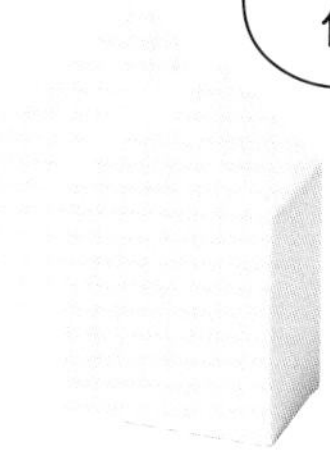

ロージーローザ
ジェリータッチ
スポンジ
ハウス型 6P

濡らして、絞って、肌にトントンとタッピングするだけでベースメイクが肌と一枚仕立てに。理想のほどツヤはコレがなきゃ始まらない。

繊細なベールをかけるイメージ

フェイスパウダー

ついてるのかついていないのかわからないくらい繊細にのせるのがツヤ感を死守する鍵。

セルヴォーク
レアファイ ルースパウダー

濡らしたスポンジでトントン

濡らしたスポンジでパウダーがヨレやすい目のまわりをタッピング。密着感を高めよう。

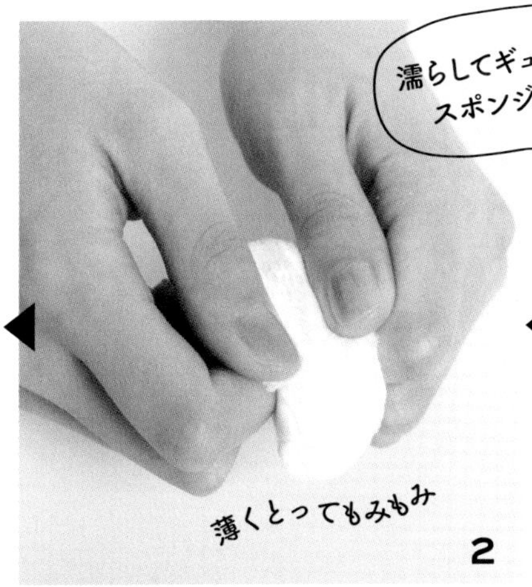

フェイスパウダーをパフに出す

パフをセットした状態で容器を逆さにして戻したら、パフについたパウダーをもみ込んで。

顔全体に薄ーくポンポン

パウダーがなじんだパフで顔全体にポンポン。ここまでのベースメイクをフィックス。

トラブルはピンポイントで消せ

とにかく気になるところだけを触る、そこ以外は触らないのが大事なんですよね、ヘアメイクって。極論、やっちゃいけないことって何ひとつないんです。その反面、やんなくていいことは絶対やんない方がいいと、僕は思うんですよね。そのひとつが、肌のトラブルをやみくもに隠そうとすること。たとえば、頬にシミがひとつあるとする。雑誌の仕事で読者の皆さんのメイクを見せていただいたとき、そのシミをカバーしようとして、そこをとりまく広範囲にコンシーラーやファンデーションを重ねる人が結構多かった。あと、毛穴が気になるからって小鼻にパウダリーファンデーションをがっつり重ねていたりとか。その現実を目の当たりにしたとき、トラブルや悩みをカバーしたい気持ちはわかるけど、そのせいでベースメイクが分厚くなって、印象が老けてしまうのはすごーくもったいないなって思ったんです。なぜって、肌は薄く、ツヤっぽく作り込んだ方が圧倒的に表情がフレッシュに映るから。パッと見の印象がキレイに見えれば、あとはクマとか、ニキビとか、トラブルが気になる部分をピンポイントでカバーしてあげるだけでＯＫなんだよね。

HOW TO

RULE:01

ボコニキビは点と面で消す

肌の表面にボコッと飛び出ている3Dのニキビは肌に近い色のコンシーラーで撃退。炎症の周辺をカバーしたらニキビの上にダイレクトに"追い"コンシーラー！

USE IT

コスメデコルテ
トーン
パーフェクティング
パレット 01

ロージーローザ
ジェリータッチ
スポンジ
ハウス型 6P

スポンジの先端で
直接混ぜるよ
1

スポンジで肌色に近い色を作る

水で濡らして絞ったスポンジでコンシーラーをブレンド。肌色に近いトーンを目指そう。

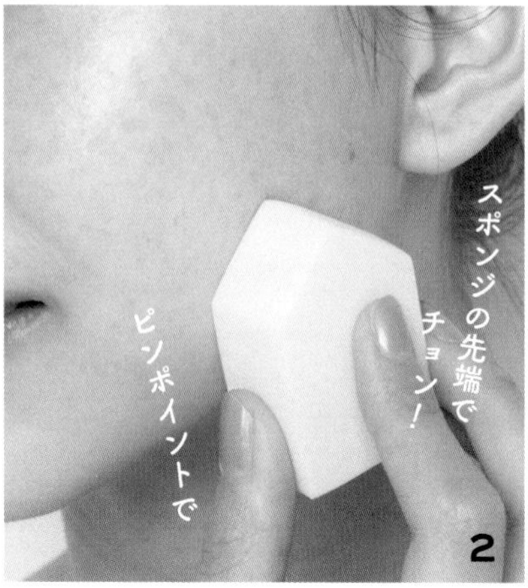

スポンジの先端でチョン！
ピンポイントで
2

でっぱりが気になる部分にのせよう

肌色に近い色ができたら、スポンジの先端でニキビの上に面でチョンチョンとなじませる。

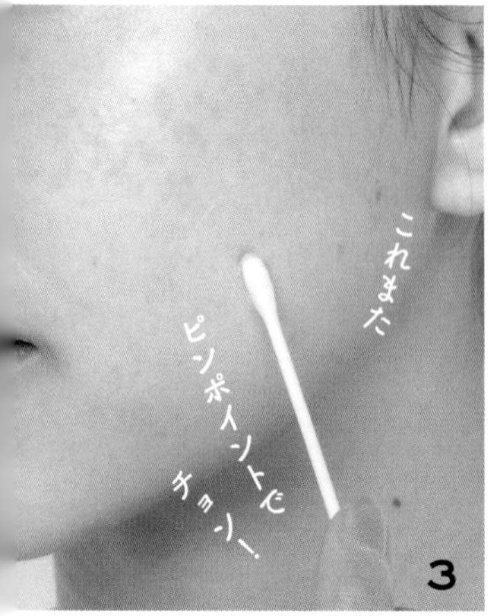

これまた
ピンポイントでチョン！
3

1と同じ色を綿棒でニキビの上に

1で作った色を綿棒の先端にとってニキビの上にチョンと点でなじませて、帳消しに！

RULE:02

赤ニキビはイエローで補整

できたての赤いニキビを見事に消し去ってくれるのは黄色のコンシーラー。補色だからこそできる見事な目くらましで、ニキビなんてなかったみたいな肌に。

USE IT

ケサランパサラン
アンダーアイブライトナー

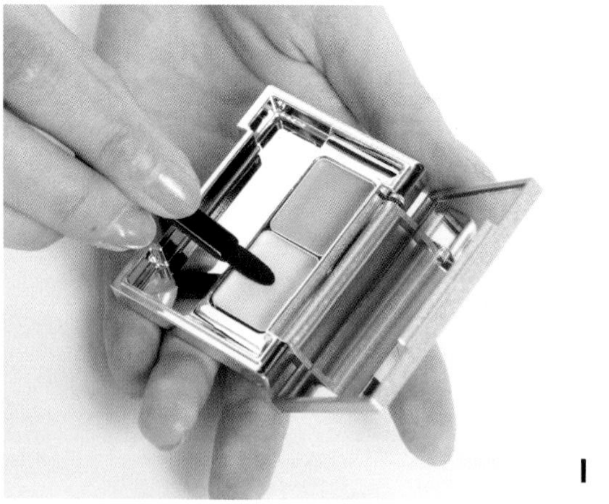

1

黄色を細チップの先端にとる

使うのは黄色のコンシーラーのみ。カバーしたい部分にピンポイントでのせるには、細チップの先端が便利。

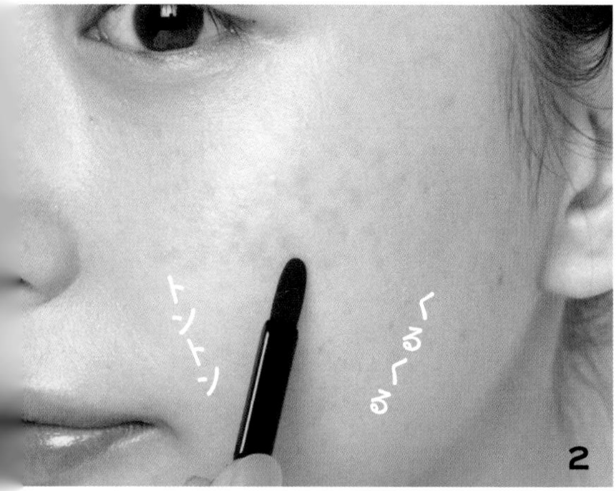

トントン
くるくる
2

ニキビの上に小刻みになじませる

1を赤ニキビの上にチョンとのせて、まずはくるくる。そのあと、トントン。小刻みにチップを動かして一掃。

ニキビ跡には"首色"が効く

ニキビが治ったあと、悲しいかな色素沈着してしまった部分は周囲の肌色よりワントーン暗くなるのがお決まり。首の色に合わせた色みが補整にはちょうどいい。

USE IT

セルヴォーク
ムード
パレット 01

RULE:03

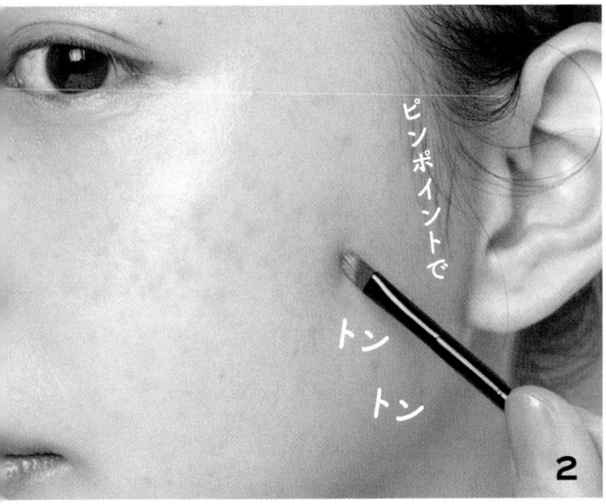

消したい部分に筆でのせる

筆の先端でニキビ跡の上を優しくトントン。溶け込む寸前で動きを止めるとキレイに留まる。

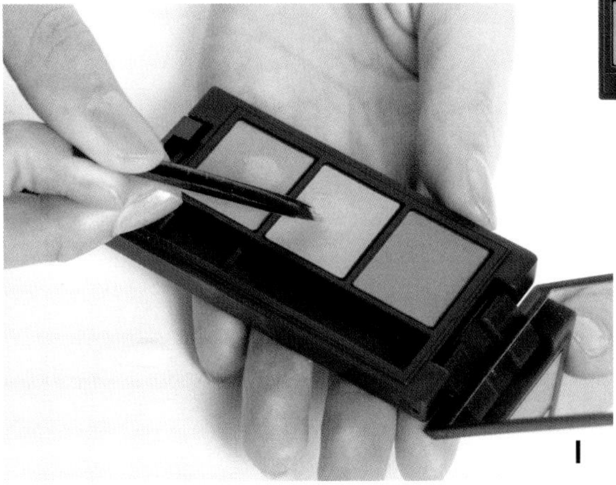

混ぜて首の色と同じ色を作る

首の色に溶け込むように、パレットの色をブレンドしよう。濃い色:薄い色=2:1くらいが目安。

シミは明るさで飛ばせ

憎きシミは、がっつりカバーするよりも光でカモフラするのが効果的。肌色より明るいトーンのコンシーラーをなじませれば存在感が驚くほど帳消しに。

シュウ ウエムラ
カバー クレヨン 3YR

USE IT

RULE:04

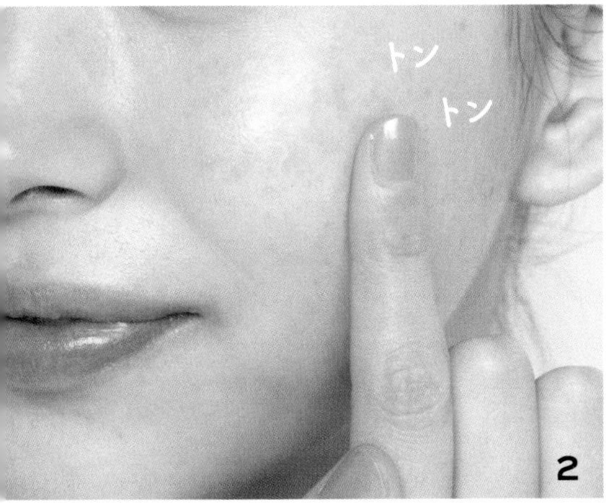

指でなじませて肌との境目をならす

シミとそのまわりの肌色の境目が自然になじむように、指でトントン。完全に溶け込む前に手を止めることが大切。

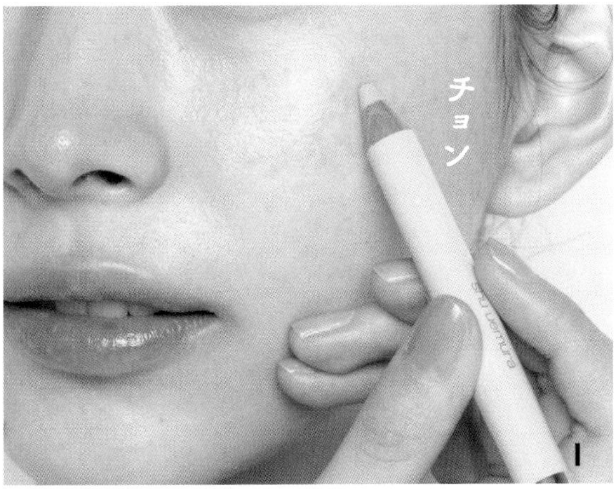

シミの上に直接チョンとのせる

シミのカバーにオススメなのが、ちょっと明るめのスキントーン。シミが悪目立ちする部分にチョンとのせよう。

クマだけ消せ！ 目のキワは隠すな

目の下のクマが気にならない大人の女性ってほとんどいないと思うんです。コンシーラーでカバーするのはいいんですけど、クマだけじゃなく下まぶたのキワまでがっつりカバーしてしまうと、コンシーラーが攻めてきたぶん、目が縮こまった印象になってしまうわ、立体感のないペタッとした顔つきになってしまうわ、あれこれ大変な事態に陥ってしまうので、要注意。

すっぴんで鏡の前に立って、自分の目の下のクマとよーく向き合ってみてください。クマの中でも一番濃く出ているところが必ずあるはずなんです。大抵、下まぶたのちょっと凹んでいるあたりが該当するはずなんですけど、そこだけコンシーラーでカバーしてあげればクマなんてなかったみたいになれるんですよね。そもそもメイクって目の錯覚を利用したマジックみたいなもので、本当は消えていないけど消えているように見えればそれでＯＫ。

それから、下まぶたのキワは少しくらいくすみがあっても問題ないパーツ。自然な影になって目元を立体的に見せてくれるから、万が一くすんでいる気がしてもキワはそっとしておく方がベターだと、僕は思います。

青グマはオレンジをクマの上にだけ！

色がはっきりしたトラブルは補色で迎え撃つのが正攻法。青グマのリーサルウェポンはオレンジ系のコンシーラーと心得ておけば、寝不足の朝も安心。

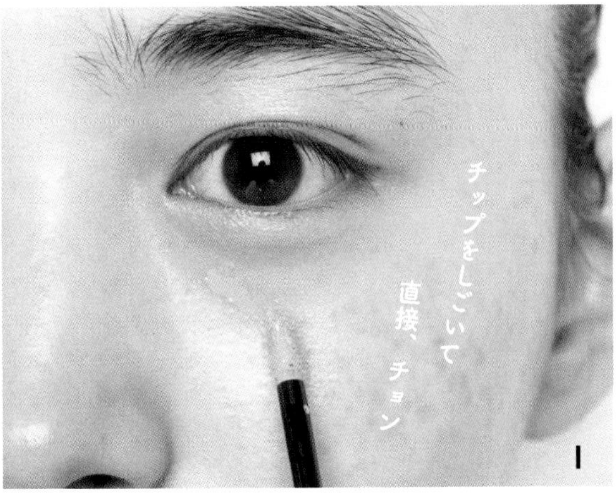

チップでクマの上になじませる

コンシーラーをチップにとって手の甲で軽くしごく。量が調整できたらクマが一番濃い部分にチョンとのせよう。

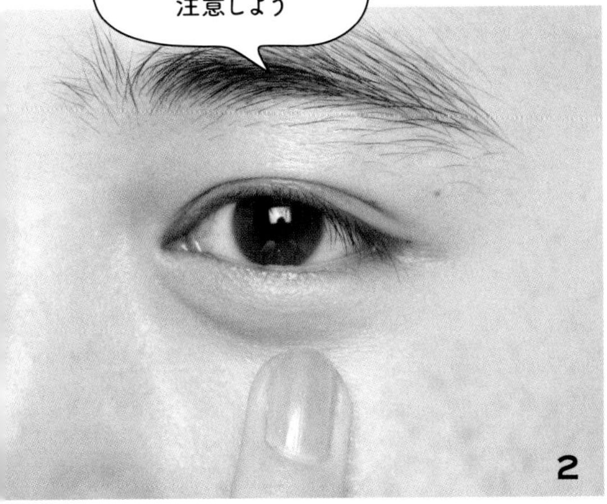
広げすぎないように

指で広げて肌との境目をならす

コンシーラーをのせた部分を指でトントンなじませて肌に溶け込む寸前でストップ。目のキワまでは広げない。

USE IT

ルナソル
グロウイング
トリートメント
リクイド 03

茶グマは肌色より暗めの色で攻略せよ

肌色よりワントーン暗く、茶グマよりワントーン明るいコンシーラーを選ぶのが正解。あくまでナチュラルにカバーできるのがいいんです。

USE IT

ローラ メルシエ
シークレット
コンシーラー 2

クレ・ド・ポー ボーテ
パンソー
（コレクチュール）n

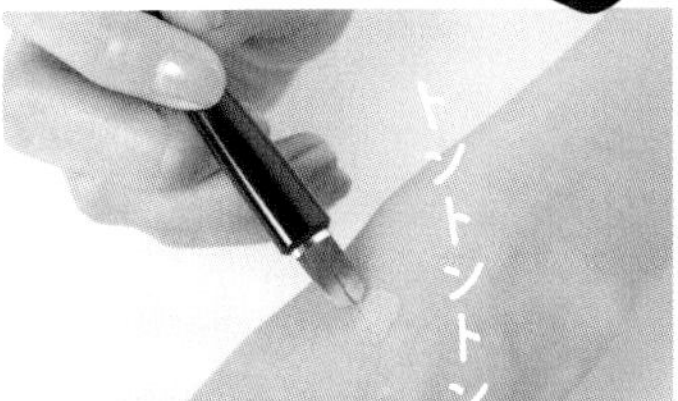
1

コンシーラーを手の甲でならす

コンシーラーを手の甲でなじませる。テクスチャーを緩めながら色を調整。

水彩画に色づけする
イメージで軽やかに
2

ブラシでクマの上に薄くなじませる

茶グマの上をコンシーラーで色づけていくようなイメージで繊細にトントン。

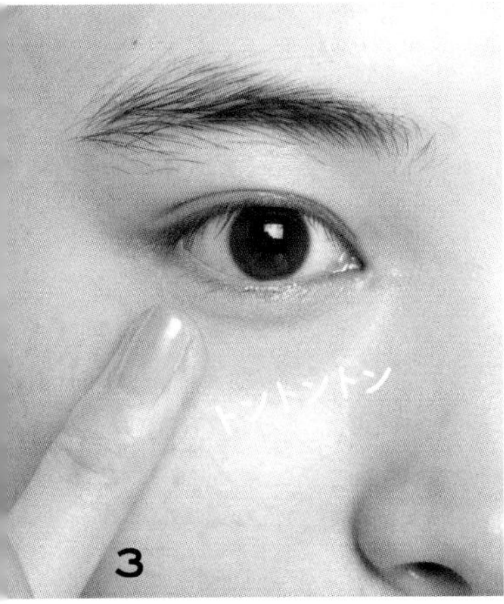

指でなじませたらフィニッシュ

2のコンシーラーが肌色にほどよく溶け込むように指でトントンなじませる。

肌と眉で半分完成

大人の女性にとって本当に大事なのはベースメイクと眉メイクをきちんとすることだと、僕は思います。正直、肌が品よくツヤッとしていて、眉が時代にマッチしてさえいれば、メイクは半分完成したも同然。極端な話、その他のパーツはたとえお遊び感覚でしたとしても素敵な顔つきになれるレベル。だから、ベースメイクと眉メイクだけは何をおいてもきちんと向き合ってほしいと思っています。

よく海外の映画を観ていると、ヒロインが白T×デニムにノーメイクで、赤リップだけささっと塗って外に飛び出すシーンがあったりしますよね。多くの女性がかつて一度は憧れたことがあると思うんですが、あれが成立するのは、別段何もしなくても、肌にパーンとハリがある20代半ばまで。大人が同じことをするのはリスクが高いんです。大人の肌にいきなりポイントメイクをすると、せっかく備わっているはずの品が損なわれてしまう。自分ではハイセンスでこなれた女性のつもりでいても、ただの手抜きな人に映ってしまう可能性が高いから、要注意。

ベースメイクと眉メイクってほかのパーツに比べて地味にややこしいから、比較的時間がかかると思うんです。出勤前の慌ただしい朝にその時間を捻出するのは辛いのを承知のうえでお願いさせていただくんですけど、朝、いつもより少しだけ早起きしてください。肌と眉が素敵な女性には必ずセンスが宿りますから。

あとはお遊び

パーツは深み

前のページで「肌と眉で半分完成」というお話をしました。では、残りのパーツをメイクすることはどういうことなのかといえば、印象に深みを出してあげることだと思うんです。僕が考える深みを出すとは、そのパーツをメイクで強調することで素材の美しさを引き立たせてあげること。アイメイクなら、目を大きく見せることではなく、瞳そのものが美しく映る感じ。チークやリップなら、内側からナチュラルな血色感がにじみ出ているそのムード。パーツの個性を大切にしながらトレンドの色や質感を取り入れてメイクを仕上げることで、表情に奥行きが生まれるんじゃないかな。そうして生み出された奥行きこそが女性をより魅力的にしてくれる。だから、肌と眉以外の残り半分もメイクを疎かにしてはダメ、絶対。

Eyebrow MAKE-UP

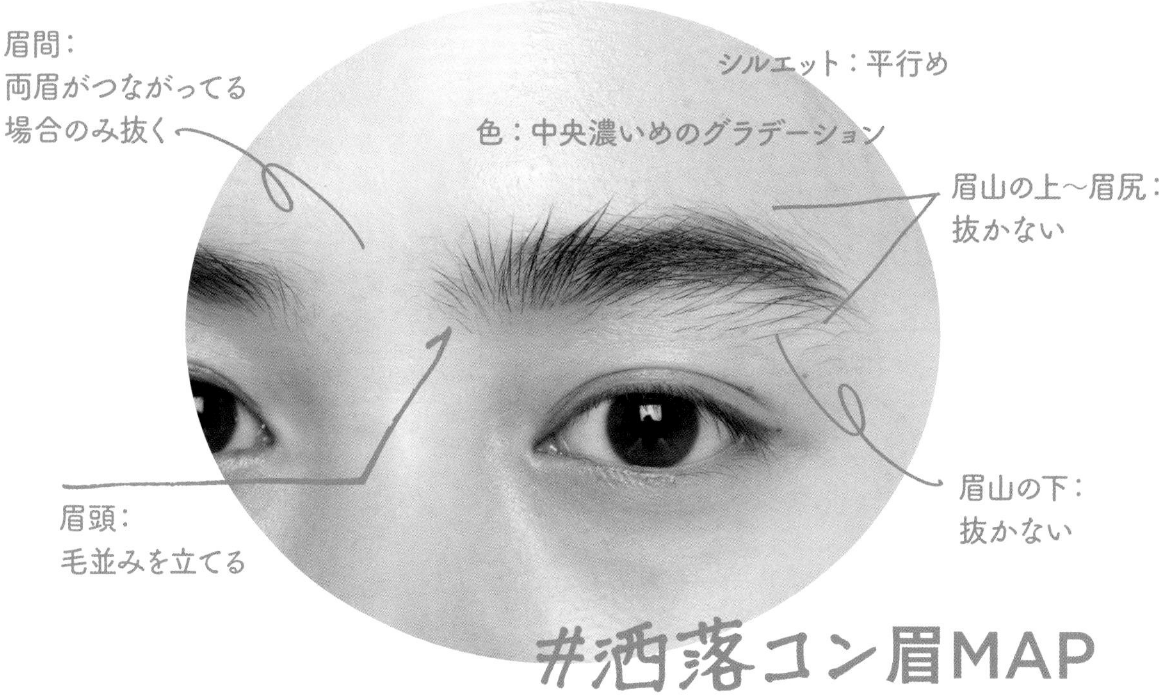

#洒落コン眉MAP

眉はキレイに描きすぎるな

眉って、時代が一番反映されるパーツだと思うんです。長らく毛が一本も乱れていない、左右がシンメトリーで端正な眉がイニシアチブをとっていたから、当時を知る大人世代は「眉はきちんと描くもの」という固定観念があると思うんです。でも、令和になった今、眉はナチュラル感と抜け感がある仕上がりの方が圧倒的に魅力的。キレイに描きすぎるほど印象が古めかしくなってしまうから、この機会にアップデートを！

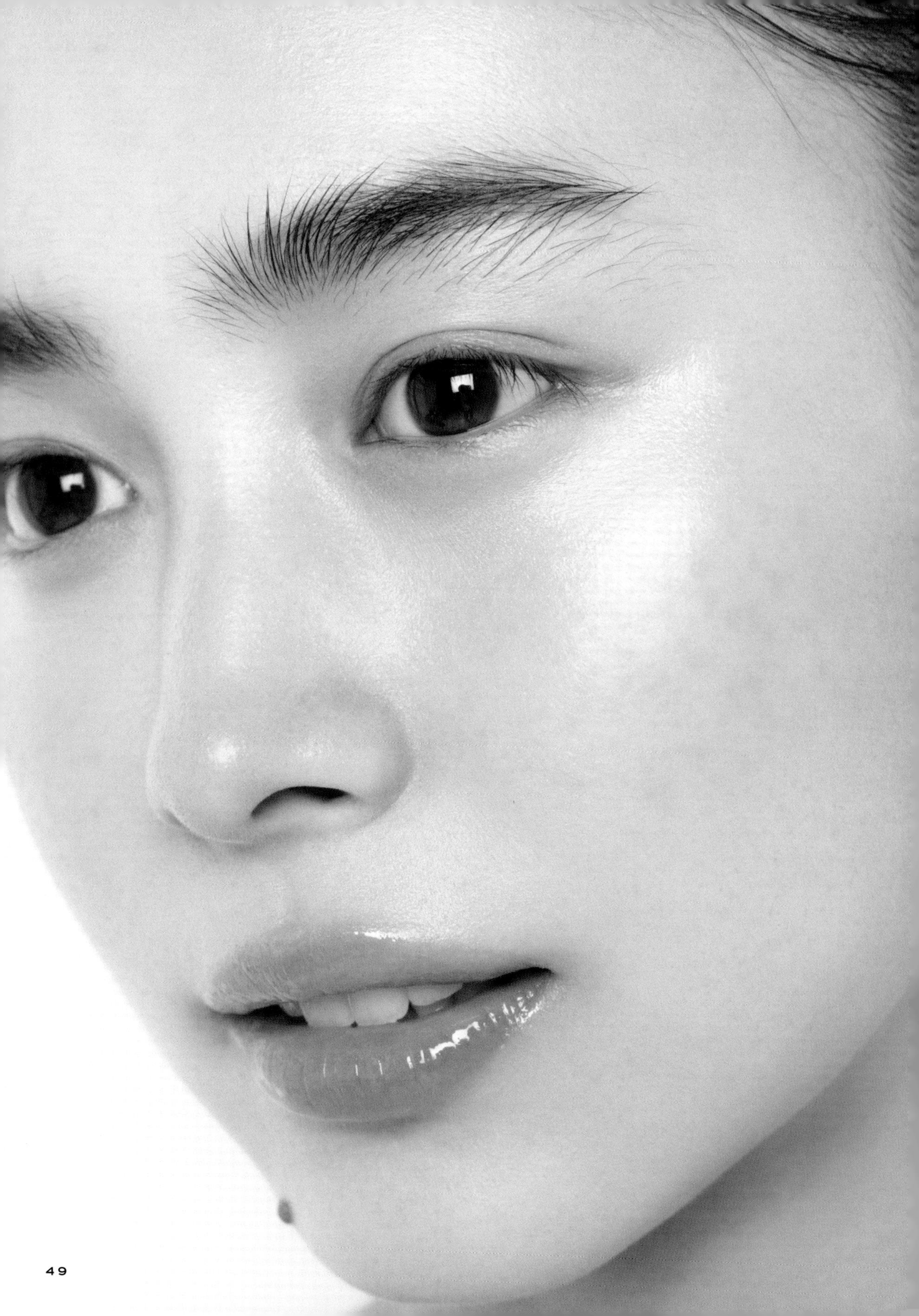

これがないと始まらない
眉が自然にフサッと見えるよ
ノーズシャドウとしても優秀だよ〜
ⓑ
SUQQU
薄づきだから調整しやすい
眉アイテムのスタメンに新人が仲間入りしたのは本当に久しぶり
ⓒ
ⓐ
コレがなきゃ
ⓓ
眉毛が立ち上がんないよ
この赤みも僕のツボなんですよね
shu uemura

少数精鋭がいいんです
#洒落コン眉を叶える名品カタログ

アイブロウアイテムに僕が求める絶対条件は、いい意味でつきが悪いこと。いい感じになるまで重ねればいいからぼかす手間が省けて楽。立体感をつけるためのマスカラやブラシもマスト。

a

Celvoke

インディケイト
アイブロウパウダー 07

「作るのが一番難しい眉頭を自然にぼかすのに欠かせない存在。赤みのあるベージュブラウン系が洒落てる」¥3850／セルヴォーク

b

SUQQU

ボリューム アイブロウ
マスカラ 04

「毛並みを本気でフィックスしてくれる透明マスカラ。ツヤが出るのにツヤッとしすぎないところも絶妙でいいんだよね」¥3300

c

THREE

アドバンスドアイデンティティ
ブラウシェーピングデュオ 05

「ワックスとパウダーを重ねて使うんだけど、このワックスが素晴らしい。狙い通りに描けるうえに消えないところに感動！」¥4180

d

shu uemura

マスカラ ブラシ コーン

「毛の密度がコーミングするのにちょうどいい。適度にばらっとさせられるから、ふわふわの立体感が自在に」¥770／シュウ ウエムラ

e

shu uemura

ハード フォーミュラ
[上から：オーク ブラウン、
チョーク ベージュ、ブラウン]

「平べったく削ってある鉛筆だから広い面で使えるし、立てて使えばそこだけに描ける。まさに匠の名品」各¥2860／シュウ ウエムラ

f

ESTĒE LAUDER

フェザーライト
ブロー エンハンサー 03

「羽のようなタッチで薄く一本一本描けるから密度がない人にぜひ使ってみてほしい。3筆で変わるよ」¥3850／エスティ ローダー

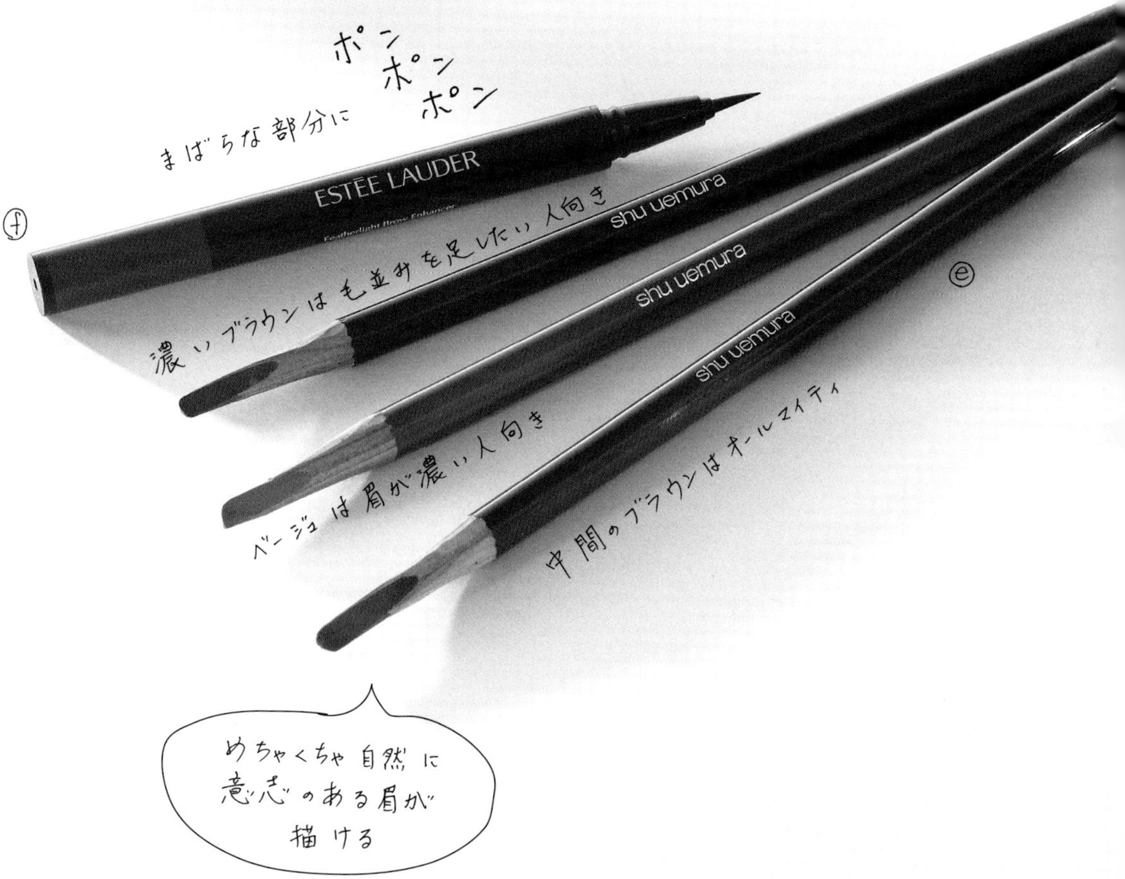

ポン
ポン
ポン
まばらな部分に
ESTĒE LAUDER
f
shu uemura
濃いブラウンは毛並みを足したい人向き
shu uemura
e
shu uemura
ベージュは眉が濃い人向き
中間のブラウンはオールマイティ
めちゃくちゃ自然に
意志のある眉が
描ける

ラフで自然！ でも意志がある！

#洒落コン眉の作り方

自然な毛並みが感じられて存在感も抜け感もあるのが#洒落コン眉の3大条件。
眉毛がしっかり生えてる人もあんまり生えてない人も、やり方は同じだよ〜！

フェイスパウダーを
眉の上に
軽くはたいてから

START

アイブロウブラシは事前に先端を曲げておく

手の角度をそこまで添わせなくても眉に簡単にフィックスできるから、スクリューブラシは角度をつけて使うのが僕流。30°くらいがオススメだよ〜。

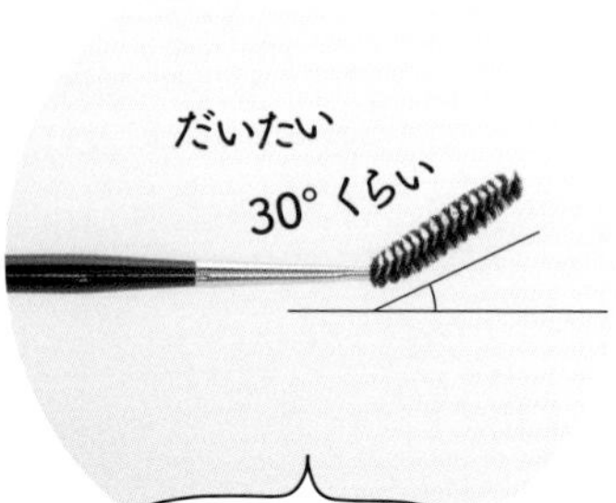
だいたい
30° くらい

曲げた方が眉に
当てやすい

USE IT

シュウ ウエムラ
マスカラ
ブラシ コーン

1
眉は毛並み命！

これだけでだいぶ
整っちゃうよ

下から上に向かってブラシで眉をとかす

スクリューブラシを横向きに当てて、下から上に向かってとかすところからスタート。立体感を仕込むために重要なステップだからはしょったらダメ。

白鳳堂
G5528
アイシャドウ 丸

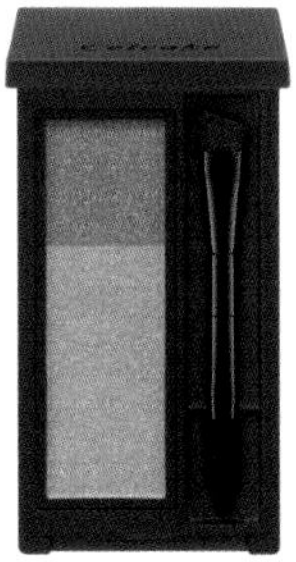

セルヴォーク
インディケイト アイブロウ
パウダー 07

筆で中段の色をとり眉頭から眉尻へふわっ

アイブロウパレットの中段のブラウンを筆にとり、眉頭から眉尻に向かってサササッとなじませる。眉に道筋を作ってあげるイメージ。

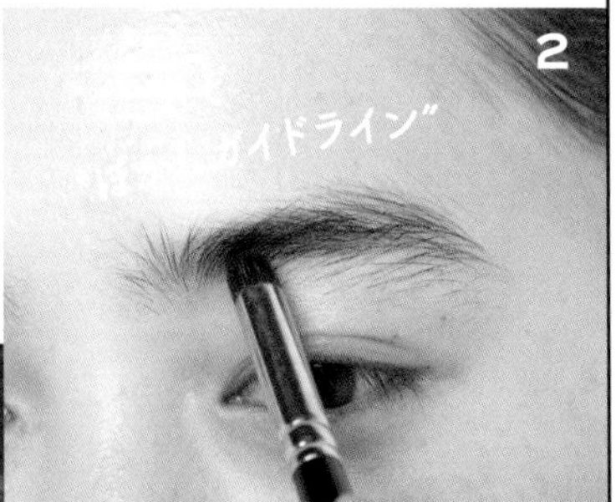
2

僕の中では眉に
道を通すイメージ

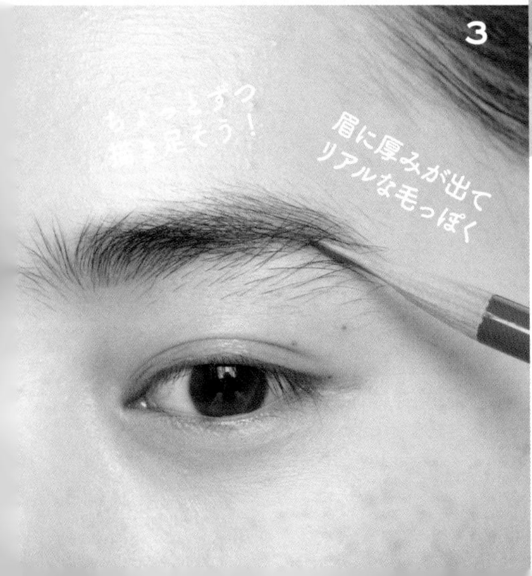
3
眉に厚みが出て
リアルな毛っぽく

パウダーをのせてもなおまばらな部分に描き足し

2まで終わったら一度眉とにらめっこ。眉毛が足りない部分にアイブロウペンシルでちょっとずつ描き足していく。

USE IT

シュウ ウエムラ
ハード
フォーミュラ
ブラウン

下から上に向かって クリアマスカラをのせる

眉の下から上に向かってクリアマスカラでとかし上げていく。眉頭から眉山に向かって位置をずらして立体感をつけていこう。眉尻は触らなくてOK。

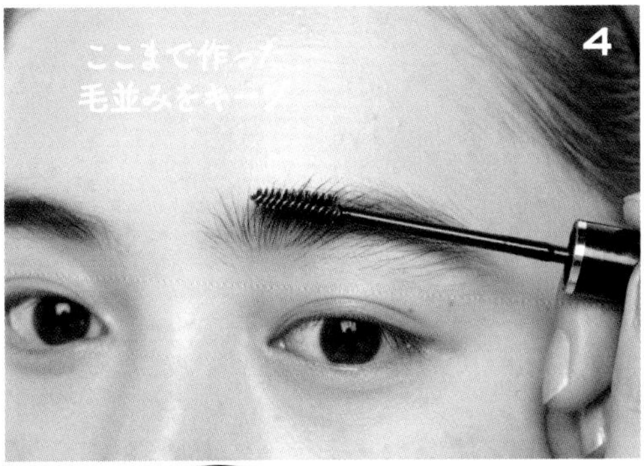

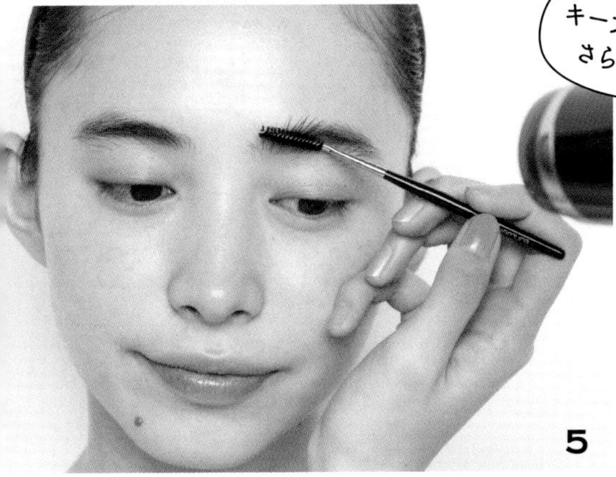
キープした毛並みを
さらにフィックス

ブラシで眉を持ち上げて ドライヤーの冷風を当てる

スクリューブラシで眉の下から毛並みを持ち上げた状態で、ドライヤーの冷風を当てる。このひと手間で、眉の毛並みと立体感を形状記憶させよう。

まばらな部分に リキッドで 一本一本描き足して 仕上げる

5まで終わって、もし毛が足りないところがあったらリキッドで描き足す。1本描くごとに仕上がりをチェックすればやりすぎになる心配もナシ。

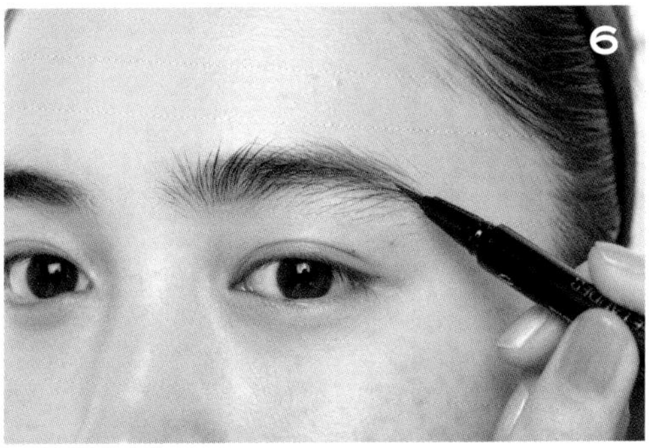

FINISH!

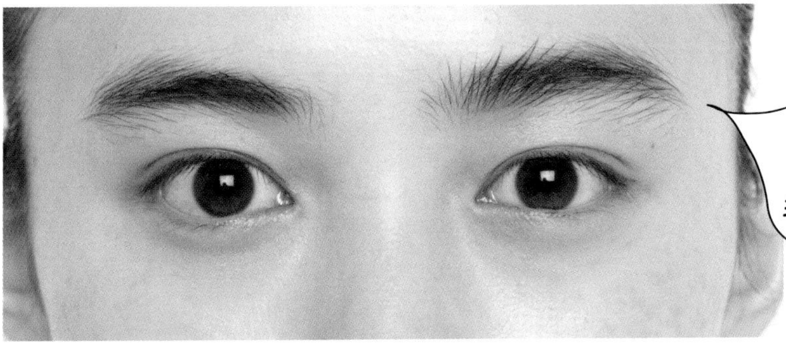
シルエットも
グラデも
毛並みも洒落たね！

USE IT

SUQQU
ボリューム
アイブロウ
マスカラ 04

シュウ ウエムラ
マスカラ
ブラシ コーン

エスティ ローダー
フェザーライト
ブロー
エンハンサー 03

血色をどこかに

顔のどこかに血色感があるだけで表情がフレッシュに見えるから、メイクをするときはいつも必ずどこかに血色が宿るようにしています。血色って聞いて多くの方が真っ先に思い浮かべるのはおそらくチークだと思うんですけど、実は、血色感を出すパーツはリップだって目元だっていい。どこかにほんの少しでも赤みがあるだけで、肌が自然と温もるんですよね。ファッションが好きな方の中には血色感を意識するよりクリアな陶器肌を選びたいと考える人も多いようですが、30歳手前くらいからはただそれだけだとどうしても顔色が悪そうなムードが漂ってしまうんですよね。それってなんだか、もったいない。

ちなみに僕が皆さんにオススメしたい血色感とは、肌の中から自然に湧き上がってくるようなナチュラルなトーンを指します。チークだったらベースメイクの過程の中に仕込んでいるくらいの溶け込み感を目指すのがちょうどいいし、アイシャドウなら右のページでまとっているスモーキーピンクくらいのさりげないものをチョイスしてほしい。いかにもではなく、顔を合わせた相手が色みを感じる程度の発色が、上品でありながら洗練ムードも叶えてくれる気がするんですよね。さじ加減がわかりやすいようにもっと噛み砕いて言うと、メイクしていて自分的には物足りないって感じるくらいの血色感がちょうどいいんじゃないかな。肌に色を少しでものせていたらそれって必ず伝わりますから。

そういえば、少し前からイエローベースかブルーベースかによって似合う色が違う、みたいな記事をいろんなところで目にしますよね。でも僕、それって実はあんまり関係ないんじゃないかと思ってます。日本人の一般的な肌色の範疇《はんちゅう》では、似合わない色ってほとんどないんじゃないかなって思う。仮に違和感が生じたとしてもそれが素敵だったりしますし。だから、「私は日焼けした肌だからコーラル系しか似合わない」みたいなステレオタイプな考えは捨てて、自分が好きな色で血色感を楽しんでもらえたらいいのかなって思います。

選りすぐった神7、発表～！

#洒落コン血色＆立体感はこのアイテムであっちゅーま

イマドキの血色感が誰でも簡単に再現できるチークと、理想の血色感を引き立ててくれるハイライト&シェーディングをピックアップ。ジャンルごとに名品の見極め方も教えちゃうよ。

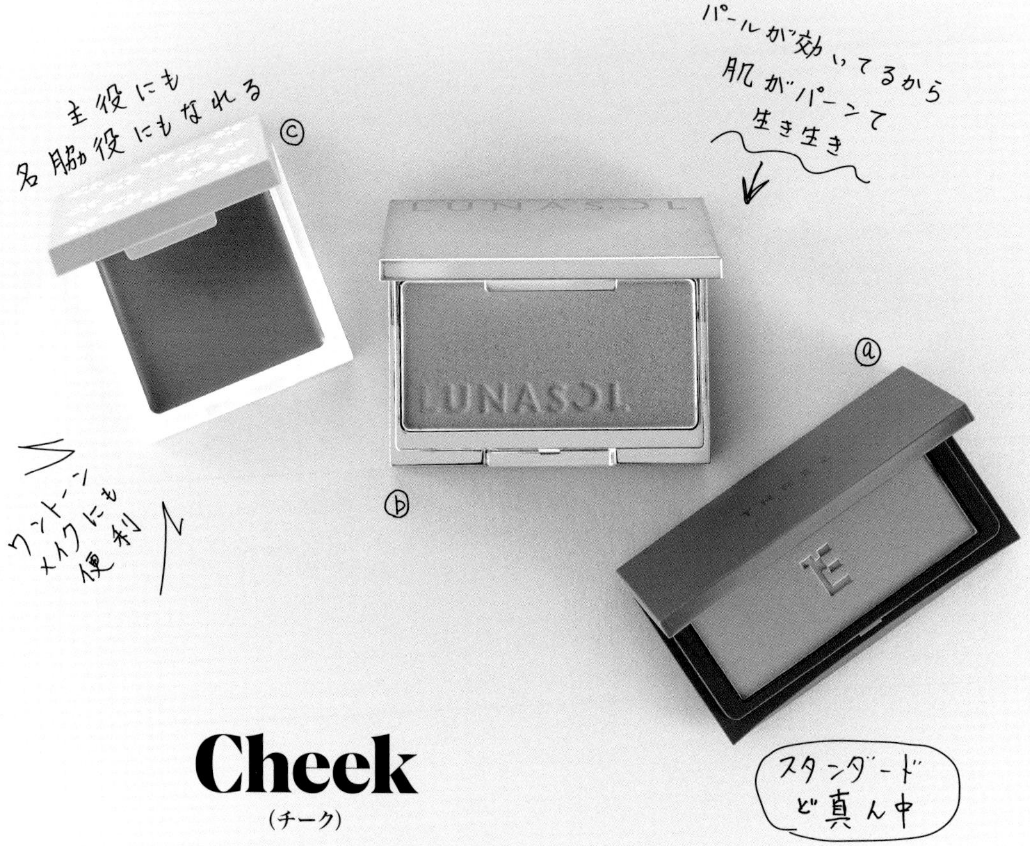
主役にも
名脇役にもなれる
ⓒ
LUNASOL
LUNASOL
ⓑ
パールが効いてるから
肌がパーンて
生き生き
ⓐ
ワントーンメイクにも便利
スタンダードど真ん中
なのに洒落てる

Cheek
(チーク)

チークはパキッと明るいものよりも肌に溶け込みやすい曖昧なニュアンスの色の方が使えると思います。色の強弱もつけやすいしね。色の系統はお好みでどうぞ。

c

Awake

チアミーアップ グロウイング ブラッシュ&リップ 03

「ベースメイクに仕込むのがオススメ。ヴィンテージ感のあるオレンジで血色感も出せるし、締め色にもなる」¥3080

b

LUNASOL

カラーリングシアーチークス（グロウ）01

「オレンジトーンのピンク。ひとはけでヘルシーにできるから現場でも大活躍」¥3850（セット価格）／カネボウ化粧品

a

THREE

チーキーシーク ブラッシュ 13

「このコーラル、ピュアなのに甘すぎないところがいいんですよね。透け感がある発色で濃淡の調節がしやすい」¥3300

b

CLINIQUE

パウダー ポップ フラワー ハイライター（ルナー ポップ）

「シアーな発色で肌にナチュラルなツヤ感を演出してくれる。今日はお疲れ顔だなって日のテンションアップに大活躍のベージュトーン」¥4400／クリニーク

a

Dior

ディオール バックステージ フェイス グロウ パレット 004

「硬めのテクスチャーで繊細に色づいて肌が上質にキラッとするところが非常によい！」¥5390／パルファン・クリスチャン・ディオール

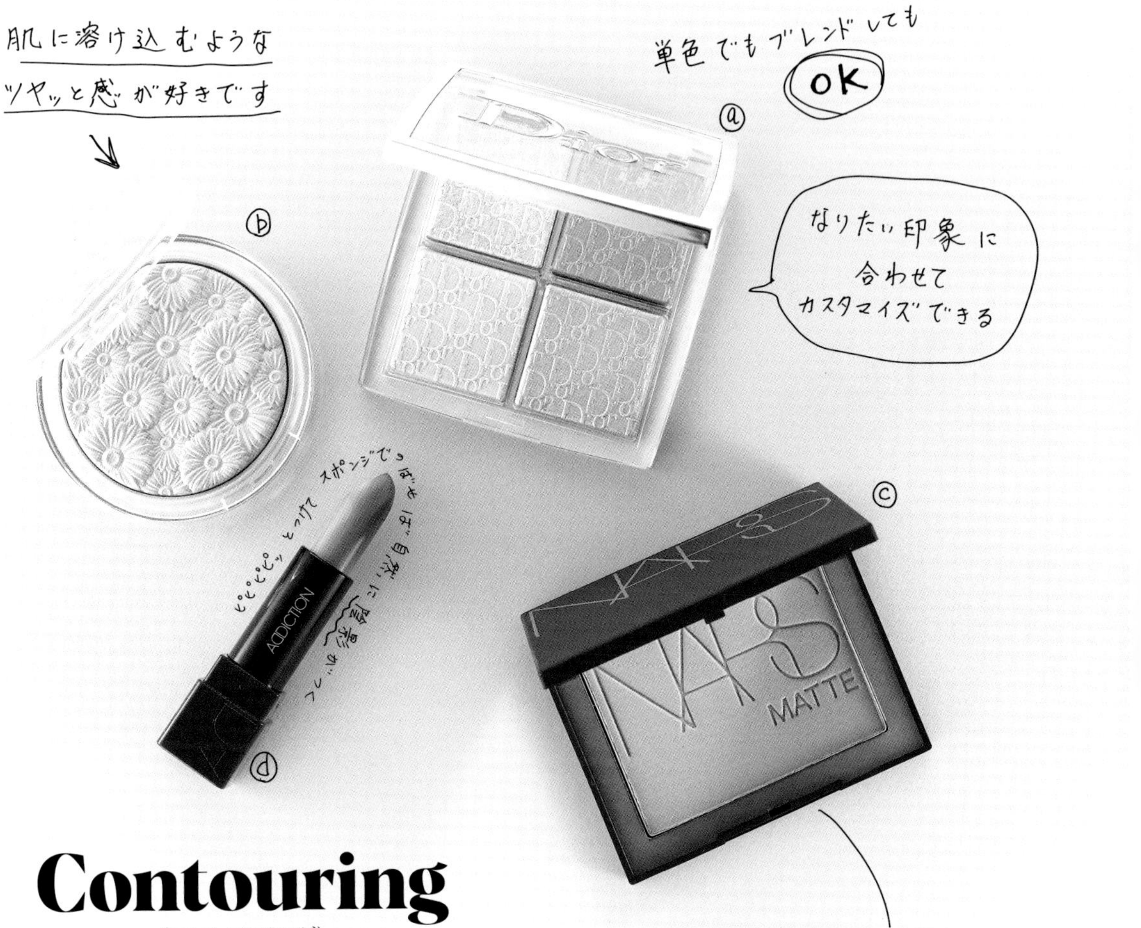
このマット感
唯一無二なんだよな〜

Contouring

（コントゥアリング）

シェーディングはマット、ハイライトはツヤ×キラな質感が#洒落コンにはピッタリ。ラメが大きいハイライトは印象がトゥーマッチになるから避けるのが正解。

d

ADDICTION

チーク スティック Nocturne

「ほのかな赤みをはらんだベージュで肌なじみがいい。締まるのに締まりすぎないところが天才的」¥3080／アディクション ビューティ

c

NARS

マットブロンズパウダー 5240

「結構発色がいいんですけど、色のトーンが薄めだから、顔つきをナチュラルに引き締めることができるんです」¥4840／NARS JAPAN

ほどよい血色感はベルトチークが連れてくる

前のページで熱弁したほどよい血色感を最も簡単に演出できるテクニックが〝ベルトチーク〟。目の下と口角のちょうど間くらいの高さに横長にふんわりチークを入れることを僕はそう呼んでいます。これって、ファッションにたとえるとウエストマークのポジション。ベルトを高めにすると脚長効果が期待できるように、この位置に血色感をもたらすことで面長や丸顔などの悩みを視覚的に補整して、顔全体の間延び感を払拭してくれるんです。どんな輪郭の人にも似合うから、あなたのメイクの引き出しに入れておいてほしいな。

HOW TO

薄く重ねる手間をかける方が結果、失敗しない

ささにぃ流ベルトチークの作り方

START

USE IT

THREE
チーキーシークブラッシュ
13

HAKUHODO

白鳳堂
B505 チーク 丸平

トントン
ブラシにまんべんなく含ませて
1

**チークを
ブラシにとって
手の甲で
なじませる**

頬にいきなりチークをのせるのは御法度。チークをとったブラシを手の甲で軽くトントン。ブラシにチークをまんべんなく行き渡らせる。

ナチュラルな楕円になるように
2

ソフトタッチで
繰り返して

**頬の内側の目と
口の間を
起点に∞を描く**

ブラシの先端を使って、目の下と口角のちょうど真ん中くらいの位置に横長に∞を描く。肌をなでるように3〜5回なじませる。

ソフトタッチで
トントントン
3

**ブラシに残った
チークを
頬の内側に
足したら完成**

仕上げに頬の内側にだけチークをトントン重ねる。ブラシに残っているぶんを使ってそれとなく濃淡をつけることで自然な立体感が誕生。

シェーディングとハイライトはワンセット

影と光はいつだって隣り合わせでワンセット。人間の顔って凹凸があるから、影の隣に必ず光が来るんです。そして、凹ませたいところや引き締めたいところに影を入れて立体的に見せたり、ハリ感を演出したいところに光を入れてあげる。たとえば丸顔の人だったら、両サイドにシェーディングを広めに入れてあげれば顔がシュッとするわけです。そのセオリーを理解するだけで、シェーディングとハイライトをどんなふうに入れたらいいのかイメージしやすくなりますよね。要領さえ摑めば理想の立体感は思いのまま。この機会にマスターしてみてください。

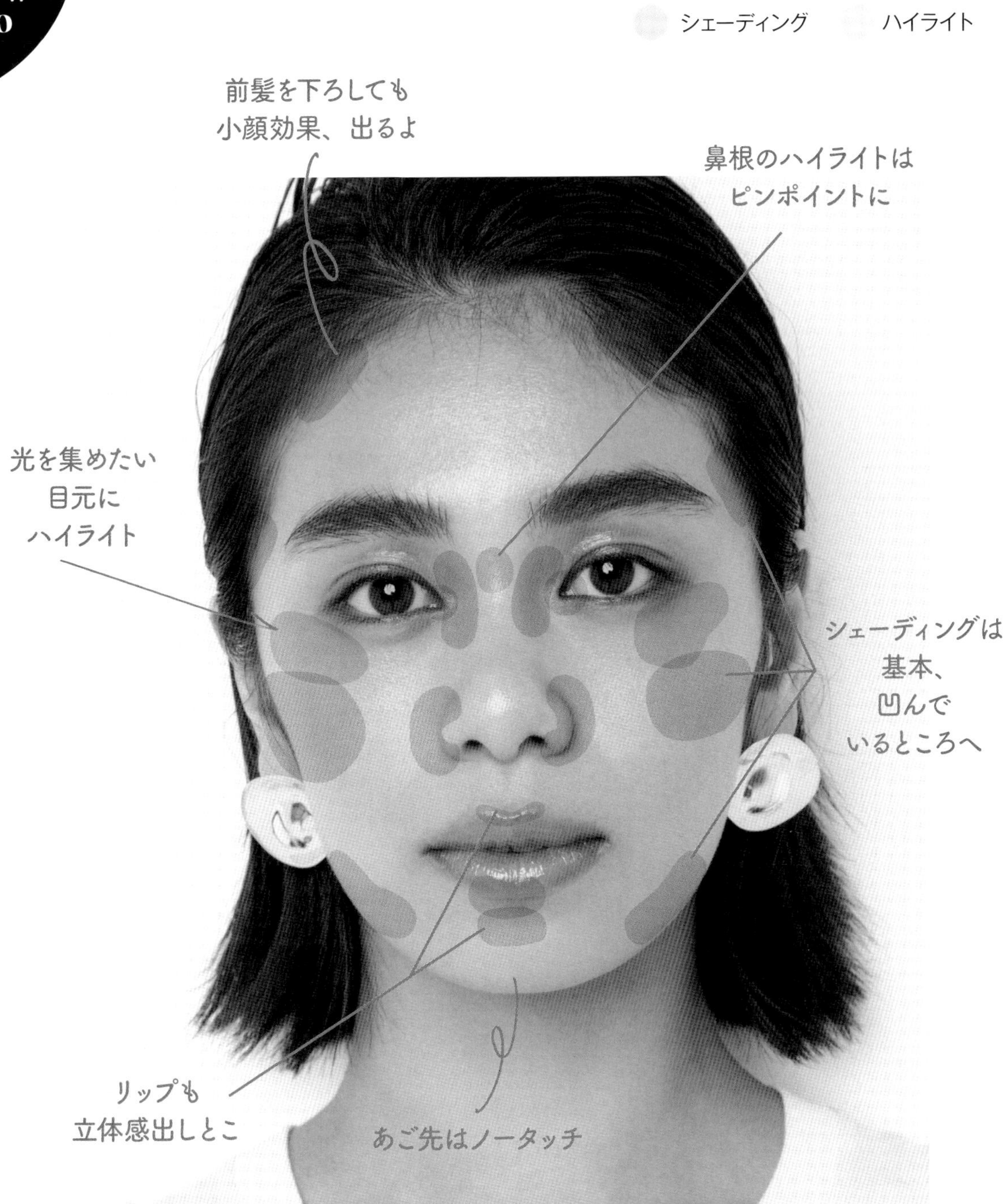
シェーディング
ハイライト
前髪を下ろしても
小顔効果、出るよ
鼻根のハイライトは
ピンポイントに
光を集めたい
目元に
ハイライト
シェーディングは
基本、
凹んで
いるところへ
リップも
立体感出しとこ
あご先はノータッチ

シェーディング&ハイライト入れるとこMAP

ここではシェーディングとハイライトの基本の入れ方をお届けします。基本に慣れたら、ご自身の輪郭や顔の造形に合わせてカスタムしてみてください。凹ませたいところに影、立体的に見せたいところに光、というルールさえ念頭に置いてアレンジすれば、どんどん理想の顔つきに近づけるはずです。

ファッションとメイクはどちらかが地味でどちらかが派手だと不思議とバランスよくまとまると思うんです。どっちも地味だと印象が寂しくなってしまうし、どっちも派手だとトゥーマッチになってしまいますから。シンプルな洋服を着るときにメイクでポイントになるような色を効かせてもいいし、いつもとは違う派手な色のコスメを使いたい日は、落ち着いたトーンの洋服を選ぶのもアリ。そのときに使う派手色コスメは、ビビッドなリップでも、キラキラアイシャドウでも、カラーライナーでも好きなものでいいと思います。ただ#洒落コンを目指すうえでひとつだけ気をつけたいのが、それらの派手色を使うときはできるだけのせる面積をちっちゃくすること。ほんの少し効かせてあげるだけで印象がブラッシュアップできるし、そのさりげなさに大人のセンスが漂うんですよね。

地味服に派手色

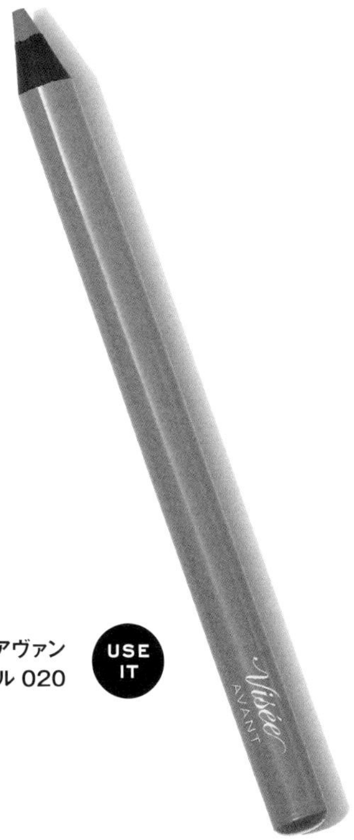

HOW TO

ここでは、上まぶたのキワと下まぶたのキワ全体に青みピンクのアイライナーを引いています。まつげの根元に触れるくらいキワを攻めて、アイシャドウとマスカラは引き算。スモーキーグレーの服でくすんで見えがちな肌を青みピンクのラインがトーンアップしてくれます。¥1320（編集部調べ）／コーセー

ヴィセ アヴァン
リップ&アイカラー ペンシル 020

USE IT

テッパンコーデの正解メイクをズバリ！

3大コンサバ服の#洒落コンメイク

プレーンなシャツ、ジャケットのセットアップ、リブニット×スカート。コンサバ服の代名詞的なコーディネートをメイクでブラッシュアップする方法、教えます。オン・オフいつでも注目される顔つきを手に入れとこ。

DRESS UP SHIRTS

赤リップで女っぽくカジュアルダウンを！

白シャツって清潔感があってパリッとして好きなんですけど、そのぶんメイクでアクセントをつけないとリクルートっぽく傾いてしまいがち。ここはちょっと大胆にマットなレッドルージュを主役にしたメイクでカジュアルダウンを目指しました。目元をピンクトーン、チークをブラウンにして抜け感を出せばバランスもGOOD。

MAKE-UP POINT

CHEEK

A のパーリーなベージュとブラウンをフラシでブレンドして、頬の内側から外側へ∞形を描きながら、横長にふんわり、オン。このチークは表情の引き締め役。

EYE

B の中央のピンクベージュをアイホールに大胆になじませて、下まぶたはノータッチ。マスカラは黒を上下にさらっと。リップが引き立つよう、目元は控えめに。

LIP

リップクリームでベースをうるおしてティッシュオフしたら C を全体に直塗りし、指でトントンとなじませて。オフはもちろん、会社帰りに予定がある日のチェンジにも使えるよ。

USE IT

A ベージュとブラウンのデュオ。ザ ベージュライブラリー ブラッシュデュオ 03 ¥4400／RMK Division B ピンクブラウン系。ナチュラグラッセ アイパレット 02 ¥3960／ネイチャーズウェイ C キャロットトレッド。ラプソリュ ルージュ IM 130 ¥4400／ランコム

DRESS UP JACKET

マニッシュなコーデは メイクで女性らしく

ジャケットのセットアップスタイルはコーディネート自体がメンズライク。全身を通してマニッシュとレディのバランスをとるのが#洒落コンを叶えるためのミッションなんじゃないかな。アイメイクは洋服とリンクさせたグリーンをチョイス。リップとチークで女っぽさと柔らかさを足すのが正解。

MAKE-UP POINT

EYE

A の左上をまぶた全体、左下を上まぶたのキワに全体にライン使い。その上に C を重ねてフレームを引き締め、目尻から気持ちハネ上げながらはみ出させる。

LIP

自然な血色感を宿すモーヴピンクの B をチョイス。うるおいと透け感があるからリップクリーム感覚で唇全体にラフに塗ってOK。いい意味で甘さが出る。

CHEEK

どんな人にも似合うフレッシュなコーラルピンクのチーク D をブラシで内側から外側へ楕円形に入れたあと、頬の内側にポンと重ねて立体的に。表情がはつらつと！

USE IT

A カーキとブラウンのハーモニー。シグニチャー カラー アイズ 06 ¥7700／SUQQU B モーヴピンク。アライジング スピリットリップグロー 01 ¥4290／THREE C クリアなカーキ。ミネラルアイライナー 06 ¥3080／MiMC D 透け感のあるコーラル。ルナソル カラーリングシアーチークス（グロウ） 01 ¥3850（セット価格）／カネボウ化粧品

DRESS UP RIB KNIT

ヘルシーな顔つきで女子感を引き算

シンプルなリブニットはそれだけで上品な色っぽさが漂うアイテム。ここではボトムスがスカートだから、甘く媚びた印象に傾かないようにメイクはちょっとヘルシーに仕上げるとバランスがいい。ここで最も大事な役割を果たしてくれているのがチーク。レディなブラウンを日焼けっぽくまとうのがベストアンサー。

MAKE-UP POINT

EYE

ベージュのアイシャドウをアイホールに。C を上まぶたのキワ全体と下のインサイドに。B を上下に。下まつげに気持ちたっぷりめに塗って可愛げをひとさじ。

CHEEK

ブラシで D を頬の内側から頬骨に沿って∞を描くようになじませ、横長にふんわりと。日焼けっぽく塗ることでヘルシーに仕上げる。

LIP

A を唇全体にラフに直塗り。あとは指で輪郭をトントンとぼかすくらいカジュアルでいい。

A ピンクがかったヌードベージュ。ルージュ ディオール 100 ¥4950／パルファン・クリスチャン・ディオール　B にじみ知らずの優しげなブラウン。デジャヴュ ファイバーウィッグ ウルトラロングカラーE　ナチュラルブラウン ¥1650／イミュ　C ヌーディなブラウン。ヴィセ アヴァン リップ&アイカラー ペンシル 019 ¥1320（編集部調べ）／コーセー　D ナチュラルな立体感をもたらすヘルシーなブラウン。軽やかな質感。バウンス & ブラーブラッシュ ブラード バフ ¥3850／ベアミネラル

顔を盛ったら
アクセは盛るな

インパクトのあるコスメはアクセサリー感覚で使うのがいいと思うんです。左の写真が物語る通り、赤リップをポンと効かせるとそれだけで充分顔つきが華やかに。リップがアクセの役割も果たしてくれるんですよね。ここにピアスやネックレスまでつけてしまったら、印象が一気にコテコテに。盛りすぎた表情は印象を古ぼけて見せてしまううえに、コスメの魅力さえもかき消してしまうから、引き算の感覚を意識することが大事。まずはアイシャドウもチークもリップも、色物はすべてアクセサリーのひとつにカウントしてみてください。メイクがひと通り済んだら、一度バストアップまで引いた視点で自分の姿をチェック。それで本当に物足りない場合だけ、アクセを足すのがイマドキの抜け感を叶える秘訣。

HOW TO

濃密な発色のマットなレッドルージュ。リップクリームで唇の表面をなめらかに整えたら、ヌルヌルしすぎないように軽くティッシュオフ。全体に直塗りしたあと、指でトントンぼかして仕上げよう。¥3630／NARS JAPAN

USE IT

NARS
リップスティック／オリジナル
2966

てか、キレイにメイクしすぎるな

メイクとは不思議なもので、キレイに仕上げれば仕上げるほど街行く人がギョッとするような威圧的な表情になってしまうんですよね。昭和時代のメイク学校の講師みたいっていうか、ＰＴＡの役員で学校を牛耳っている人みたいになっちゃうっていうか……。ちょっと偏見入っちゃってるかもしれないですね、すみません(笑)。でも、なんとなく伝わります?

とにもかくにも、洒落感が欲しいと思うなら、今すぐ「キレイにメイクしよう」という概念を取っ払ってください。「肌と眉で半分完成　あとはお遊び」のパートでも語らせていただいた通り、肌と眉さえ丁寧に作り込んでキレイに仕上げていれば、あとはラフでいいんです。もちろん、アイライナーをパキッと引いたり、リップライナーで輪郭をとってから内側にリップを塗ることで成立するメイクもあるんですけど、それは特別な日の話なわけで。パーツメイクはとにかくぼかしてなじませてラフに仕上げることで、こなれ感が一気に急上昇するはず。

リップに派手な色を持ってくるときは特に要注意。ほかのパーツをできるだけミニマルにしておかないとやりすぎ感が出てしまう。メイクには〝やらない〟勇気を持つことも必要なんです。

触りすぎると濁るよ

メイクをしていると発色や範囲を調整するために「もうちょっと、もうちょっと」って触りたくなること、あるじゃないですか。でも、これだけは断言させてください！

コスメって最初のひとはけが絶対キレイなんです。

だから、仕上げにぼかすとき以外はなるべく触らない方がいいし、メイクもできるだけツールを使ってする方が安心。なぜって、僕らの指からは思いの外、皮脂が出ているんです。だから、むやみに触ると皮脂とコスメが混ざって、絶対的ににじんでしまうんです。圧がかかることでアイシャドウのラメが潰れて見えることもあるから、触らないことがすごく重要。

僕らプロのヘアメイクはおそらく全員が手の甲とかに一度置いて分量を調整することで、極力、肌にのせる回数を1回か2回で終わらせるようにしているんですよね。この本の中でも指でなじませるプロセスを再三ご紹介していますが、それも実は1ヵ所につき1回だけに絞ってるんです。手はここぞの決め打ちのときに活躍させてほしい！

このルールはお出かけ前だけじゃなく、日中のメイク直しのときも死守してほしい。ポーチに小分けにした乳液かクリームを入れておいて、ヨレた部分を直すときにコットンｏｒ綿棒にとってオフ。そのあとツールを使ってメイクをすると、メイクしたてのコンディションが蘇ります。ちょっと面倒かもしれませんが、#洒落コンを叶えるためには、やるしかない！

BEIGE LIP MAKE-UP

ルージュ
ディオール
100

USE IT

自分色の
ベージュリップを見極める

メイクの主役にすれば洒落感、抜け感、上品さをワンストロークで叶えてくれる。ほかのパーツをポイントにしたときはバランサーとして力を貸してくれる。そんなベージュリップは、まさにオールマイティ。きっと多くの人が、地味で老け見えする印象を持っていると思うんですが、僕に言わせてみれば、そんなの思い込み。一口にベージュといってもいろんなトーンや質感のものがあるから、選び方次第でものすごく素敵な表情を連れてきてくれるんです。運命のベージュリップを見つけられた人からお洒落偏差値が急上昇。センスがワンランク上がるといっても過言ではありません。苦手意識がある人は今すぐ取っ払ってくれることを願います。

見極め方、教えるよ

- ☑ 柔らかさと温もりを感じるトーンなら、まず間違いない
- ☑ ほんのりツヤを感じる質感のリップなら大人の女性も安心
- ☑ インスピレーションで好きだと感じる一本を選ぶのもアリ

品があるのに洒落るのが、いいね!

ささにぃ's RECOMMENDED BEIGE LIPS

ベージュリップに目がない僕が本気で惚れ込んだ珠玉の4本がこちら。
表情を生き生きさせたい日はツヤ質感、洗練させたい日はマットがいいかも。

誰でも素敵に見えるベージュ
すべての女性が買うべき!
好感度しかないピンクベージュ
雑誌の撮影で使いまくり
Dior
LUNASOL

Dior
ルージュ
ディオール 100

「いい意味でザ・コンサバ! マットなんだけど、ほのかなツヤも血色感もある」¥4950／パルファン・クリスチャン・ディオール

LUNASOL
プランプメロウ
リップス 01

「とてつもなくクリーミィでものすごく色がのる。ぷるっとしすぎないツヤ感が絶妙。血色もほどよい!」¥4400／カネボウ化粧品

ジャムみたいな
質感が唇にフィット
Fit!
Fit!
パウダーマットが新鮮
ふわっふわの唇になれるよ
モード感も
たまんないね
立体感と
ツヤ感が
続くよー
THREE
NARS

THREE
シマリング
リップジャム 23

「ブラウンみを帯びたピーチカラーのリップグロス。透け感があるからフレッシュさを出したい日に手にしてほしい」¥3300

NARS
エアーマット
リップカラー 00037

「すごくマットなんだけどパウダリーでふんわりしてまったくカサつかない。体温を感じる色みもドンズバ」¥3850／NARS JAPAN

ブラウンシャドウは1年ごとにアップデート

コンサバメイクはブラウン系のアイシャドウパレットがなきゃ始まらない。そんな定番かつ王道のアイテムだからこそ、アップデートが必要だと僕は思うんです。コスメの質感や発色は、テクノロジーとしても日進月歩で進化しているし、トレンドもどんどん塗り替えられていくわけじゃないですか。同じブラウンの中にも、黄みのものもあれば赤みのものもある。ラメのサイズ感だってバリエーションがめちゃくちゃあるうえに、その旬が移り変わっていくのがコスメ業界の常。そんな中でずっと同じアイシャドウパレットを使い続けていたら、悲しいかな、目元だけ〝いにしえ〟の時代に置いてけぼりになってしまうんですよ。とはいえ、コスメの新作は日々星の数ほどリリースされているから、毎シーズン買い替える必要はない。やたらめったら買ってもお金がかさむだけだし、使いきれなかったりしますからね。理想の更新頻度は1年に1回。1年使えばそのコスメは元が取れているはず。使い続けても仕上がりが微妙に今っぽさを欠いてしまうから、ポーチの中に該当するコがいたら、潔く買い替えてあげましょう。それだけで、いつものブラウンアイメイクが格段にブラッシュアップされるんじゃないかな。

用途が多彩すぎる
ウォーミーな
チェスナットブラウン
全部練りで下地としても万能
ⓐ
全部いい色
肌にのせると洒落感倍増
捨て色なし
ⓒ
ⓑ
Dior
締め色が
ちゃんと締まる
表情が一気に
高見え
女性らしさの演出もお手のもの

c

SUQQU

シグニチャー
カラー アイズ 02

「ニュアンスのあるブラウンだから肌なじみがすさまじくいい。塗ると質感やラメ感がリッチ。大人にふさわしいパレット」¥7700

b

Dior

サンク クルール
クチュール 559

「サンドブラウン系のパレットはクラシカルでモード感もあるのが秀逸」¥8360／パルファン・クリスチャン・ディオール

a

THREE

ディメンショナルビジョン
アイパレットアリー 01

「クリームが肌の上でパウダリーになって、溶け込むようにフィット。重ねると、深みが出てヨレにくいところも最高か！」¥7150

とりあえずぼかせ！

アイライナーでもアイシャドウでもチークでもリップでも、とにかくぼかしてなじませることが大事。メイクの仕上がりがナチュラルになるんですよね。ぼかすことでコスメが肌に溶け込むようになじむから、やりすぎ感が払拭されるんです。誰でも簡単に表情に抜け感やこなれ感を生み出すことができるから、絶対に大切なプロセス。

僕が提案する#洒落コンメイクを形成する大切な要素のひとつに、「やりすぎてはいけない」っていうのがあるんですけど、それを実現するための一番の近道がぼかすことだと思っています。

ドレスアップする日なんかは、赤リップをバッチリ塗ったり、黒のリキッドアイライナーをピッと引いたりしますよね。そんなときも、ほかのパーツをぼかしてあげることでトゥーマッチになるのを防ぐことができるし、主役にしたいパーツの印象を際立たせることもできる。

あと僕は、型にはまった同じメイクをずっとするより、いろんなメイクを楽しんでほしいなって思うんです。そうしたときに仕上げにぼかすことでコスメの表情が変わって、メイクが新鮮に映りやすくなるんですよね。

絶対に覚えてほしいことなんで、もう一度言います。とりあえずぼかしてなじませることって、絶対に大事。

ブラウンのリップが爆発的に流行ったりとか、チークで頬を熱《ほて》らせた人が街中を闊歩《かっぽ》していたりとか、メイクって突如ブームが巻き起こったりしますよね。

#洒落コン顔を作るためにはトレンドを取り入れることがマストになってくるんですが、あまりにも一気に取り入れると「顔、全然違くない？」って違和感がすごくなって、周囲の人を驚かせてしまうので要注意。

「あれ？　今日なんかいつもと違くない？」くらいのマイナーチェンジを繰り返す方が毎日素敵な顔でいられるんですよね。だから、コスメやメイクの方法を更新するときは、時間差でひとつずつ取り入れてほしいんです。

ファッションのことを想像してみてください。店頭でトルソーが着ているコーディネートってトレンドのど真ん中であることがほとんど。それを全身買いしてしまうと、着こなしてるのではなく〝着せられてる〟感がビシバシ出てしまう。でも、そのうちのひとつを買い足して、板についてきた頃にまた次のアイテムを買い足せば、グラデーションを描くように今っぽいムードを形成することができますよね。

メイクもファッションと同じ。様子を見ながらちょっとずつリニューアルしていくのが、センスのいい大人のやり方だと僕は思います。

更新は１個から

洋服と同じ！ 1個の量を少なくレイヤード

重ね着が好きです。コーディネートに深みが出るのがいいんですよね。撮影の現場でも秋がやってくるとスタイリストさんのレイヤードテクニックにわくわくすることが多いです。洋服がレイヤードすることで洗練されて見えるように、メイクもレイヤードするといいカンジの雰囲気が紡ぎ出せたりするんですよね。でも、一個一個の分量が多いとやっぱりどうやっても崩れやすくなってしまうし、メイクが分厚くなって、もたついてしまう。洋服もインナーを分厚いものにするとゴワついて着膨れしてしまいますよね？　あの現象がメイクにも起こってしまうから、ベースメイクもポイントメイクもレイヤードするときはシアーに重ねていくことを念頭においてほしい。前出のベースメイクで練りチークを仕込みましたが、あれこそがここでいうレイヤードそのもの。アイシャドウを塗る前にも薄く練りのベースカラーを仕込むのがお決まり。どちらも使うのはごく少量なんですが、この工程で色や質感を挟んであげることで唯一無二のニュアンスが生まれたりする。あとから重ねるアイシャドウやチークの発色が引き立ってメイクの格がアガるのが素晴らしい。レイヤードの塩梅は慣れが必要。最初は難しくても、そのうち呼吸をするようにできるようになるはず。日々、実践あるのみ！

がんばってる感は古く見える

メイクには余白が大切。がんばってあれもこれもやりすぎてしまうと、圧が強いオバさんになってしまうんですよね。歯に衣着せない言い方をしてしまってすみません。でもこれが皆さんに直視してほしい現実。がんばりすぎるとキレイを通り越して隙のない、近寄りがたい雰囲気を醸し出してしまうから、肩の力を抜くことがものすごく大切。ちょっとラフなくらいが洒落て見えるんですよね。いつかの夏に、表参道の交差点付近でタクシーを拾おうと思って手をあげていたら、女性がパッと目の前に割り込んできた。先に手をあげていた僕の存在がまったく目に入らない様子でサッと車を止めて、「私が先だから」って顔全体で無言で主張して、バッて乗ってっちゃったんです。その方の顔を見たときに「やっぱりこういう顔なんだ」って納得してしまった。微塵の隙もないキレイなメイクをしていたんですよね。こういうメイクをがんばりすぎちゃう人って自分の顔を含めて物事を引きで見る意識が足りないんだなってしみじみ感じた瞬間でもありました。意識が「キレイなメイクをする」の一点に絞られているから、メイクが古くなっていることにも気づけないし、周囲の人への思いやりにも欠けちゃうのかなって。話が広がりすぎちゃいましたが、要はメイクも心も軽やかな方がセンスいいよねって話です。

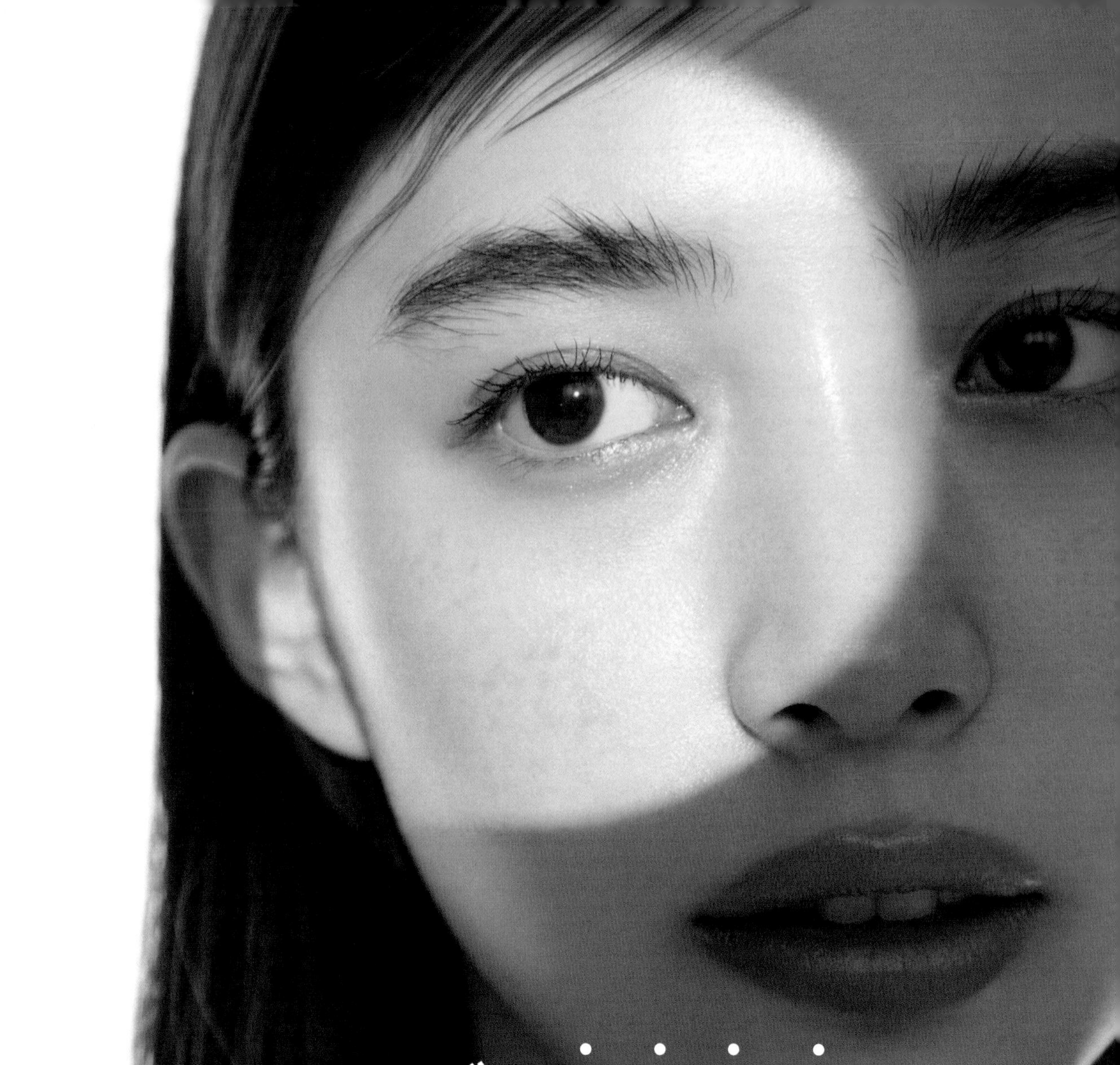

まつげはフレーム

アイメイクをするうえで僕が大事にしているのは、素材の美しさを引き立たせて印象的に見せてあげること。デカ目至上主義の時代が長かったから今のアラサー以上の皆さんはまつげを盛らないと安心できない傾向があるみたいだけど、実は、それが印象を古めかしくしてしまっているんですよね。まずはその固定観念を捨てて、まつげメイクをアップデートしてほしい。イマドキの目ヂカラには抜け感が欠かせないですから。じゃあどうしたら旬の印象的なまなざしが手に入るのかといえば、マスカラで瞳のフレームをくっきりさせてあげることが重要。バッチリカールアップさせるほど洒落感が薄れていくから、カーラーは根元をぐいっと挟んだらそれ以外は軽く済ませて、自然なカールを目指すのが正解。そのあとのマスカラはとにかく根元にしっかり塗ることに集中！　中間〜毛先はササッと塗るくらいでもう充分。これだけで理想のフレームが誕生しちゃいます。デイリーのメイクでは、下まつげは触らないことも抜け感を出すためのポイント。#洒落コンにマストな塗り方のポイントは左ページの解説を見て下さいね。

Eyelash
MAKE-UP

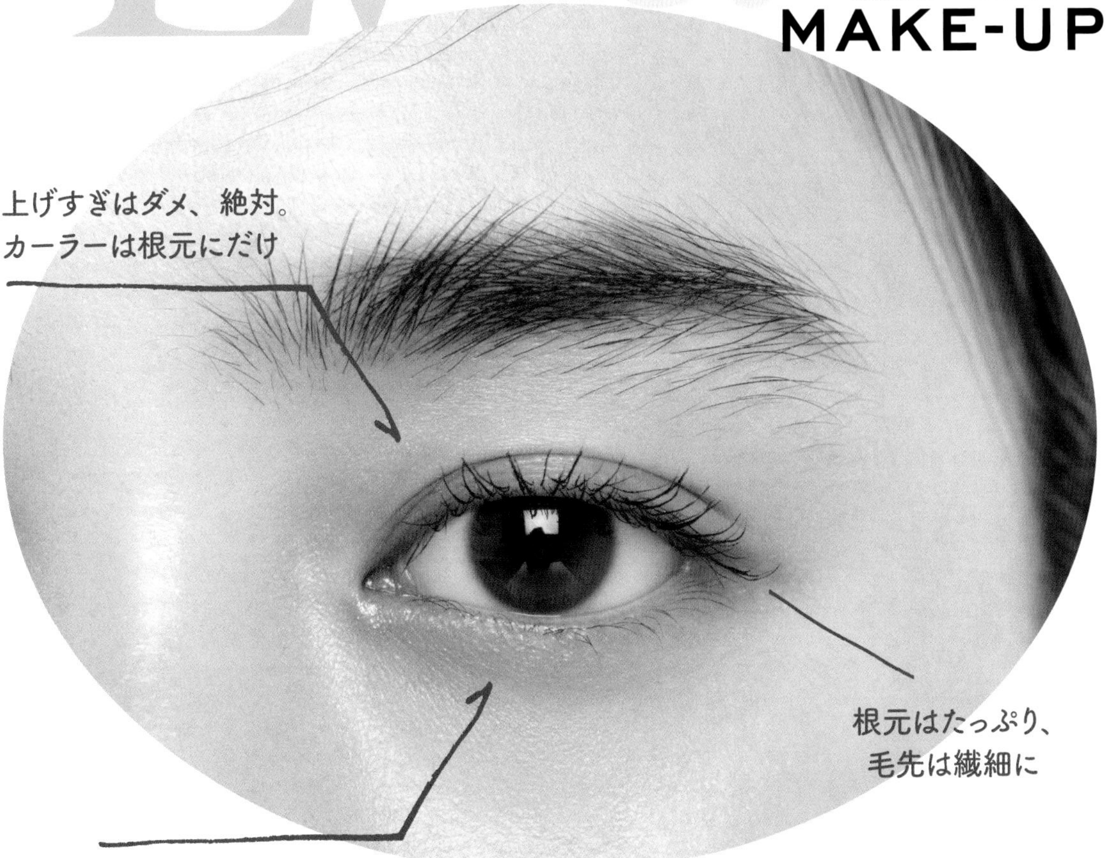

上げすぎはダメ、絶対。
カーラーは根元にだけ

根元はたっぷり、
毛先は繊細に

上まつげにきちんと塗るときは
下まつげは塗らない

ブラシをしごいて
少しずつ、少しずつ
塗り重ねていく

#洒落コン まつげ、これが僕的正解

よきフレームはよきマスカラから！

印象的なまなざしを叶える マスカラコレクション

僕がマスカラに求める一番の条件はドバッとつきすぎないこと。
その方が根元にしっかり押し込んでフレーム感を出すときに失敗しにくいんだよね。
オフの日にオススメのカラーマスカラも紛れ込ませたよ。

b

MAYBELLINE NEW YORK

ボリューム エクスプレス ハイパーカール スパイキー コーム ウォータープルーフ 01

「コームタイプのブラシを根元に押し当てて毛先に逃すだけで、僕が理想とするフレームまつげが完成する魔法の一本」¥1320／メイベリン ニューヨーク

a

CLINIQUE

ラッシュ パワー レングス マスカラ 01

「ブラシの左右の毛足が違っているから細かいところも塗りやすい。長さが出せるのに軽くて、カールを長時間キープしてくれます」¥3850／クリニーク

お値段以上の実力に驚いちゃうね
お湯落ちなのに日中ポロポロしない
トレンド感ぶっちぎり
ボリュームも長さもしっかり出ます
長さが自然に足せる！
dejavu Fiberwig
dejavu Fiberwig
THREE
ⓔ
ⓓ
ⓒ
どちらも色のニュアンスをちゃんと感じる

e

dejavu

ファイバーウィッグ ウルトラロングカラー E
ネイビーブラック

「ネイビーとブラックのちょうど中間のスタイリッシュなカラー。ブラシのカーブが生え際にフィットするんだよな」¥1650／イミュ

d

dejavu

ファイバーウィッグ ウルトラロングカラー E
ナチュラルブラウン

「一本一本ツヤやかなまつげを叶えてくれる〝塗るつけまつげ〟。これは目元を柔らかに印象づけてくれるブラウン」¥1650／イミュ

c

THREE

アートエクスプレッショニスト
マスカラ 02

「塗るだけでイマドキの抜け感が出せるオレンジブラウン。螺旋《らせん》状にクロスしたブラシがうぶ毛もまつげに昇格させてくれる」¥4400

ささにぃ流 下まつげの作り方

START

ホットビューラーで まつげを下向きに

まずはホットビューラーでまつげを下向きにクセづけよう。適温に達したら、根元に押し当てて約3秒キープ。このひと手間が重要。

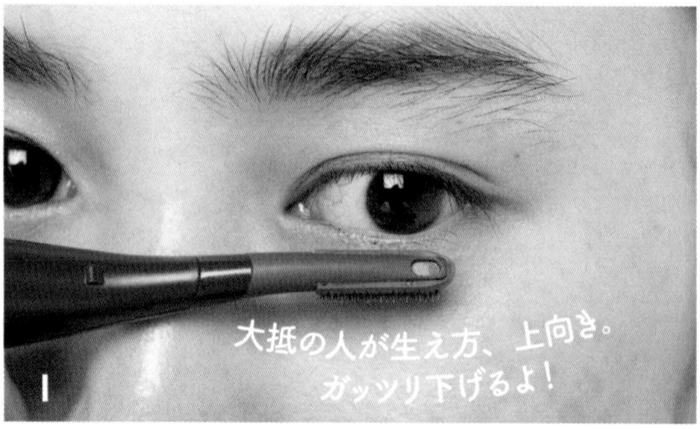

パナソニック
まつげくるん
セパレートコーム
EH-SE51
オープン価格

マスカラを塗る前に 一度ティッシュオフ

マスカラは繊細に塗り重ねるのが鉄則。ブラシについたマスカラ液をティッシュオフしておけば、まつげにドバッとつくのを防げる。

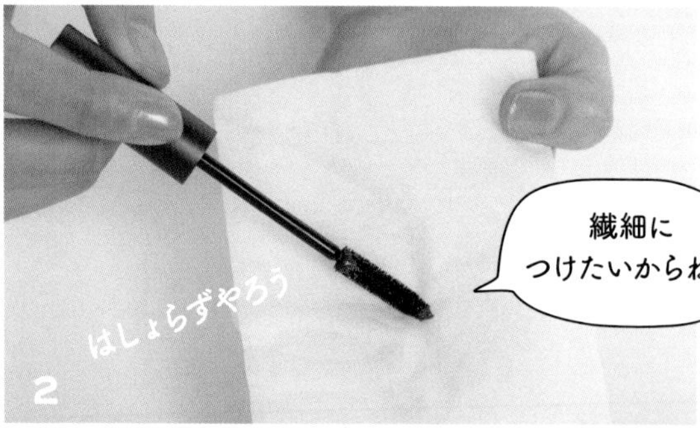

ブラシを上向きにして 目尻から目頭の方へ

ブラシが上向きになるように持って、下まつげの目尻側から目頭側に向かって塗っていく。小刻みに横振りしながら全体に塗るよ〜。

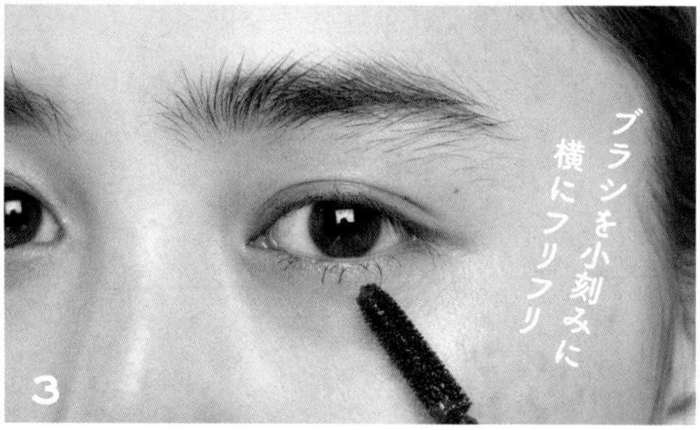

THREE
アートエクスプレッショニスト
マスカラ 02

ブラシを横向きにして 根元から毛先へササッ

下まつげにも上まつげと同様、フレーム感を出すことが大切。ブラシを根元に押し当てて、毛先に向かってササッと抜こう。瞳の輪郭がグッと印象的になります。

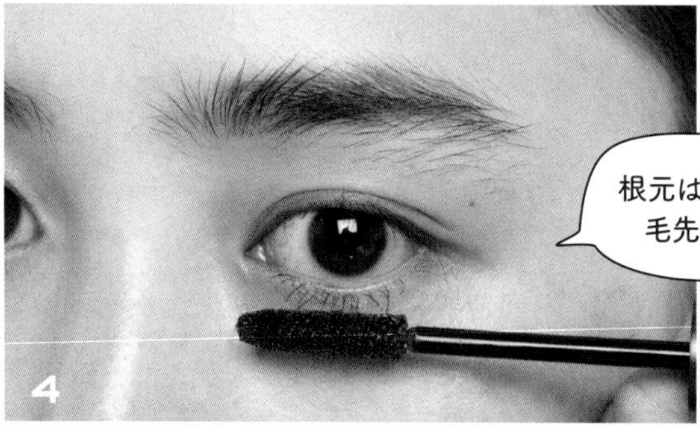
根元はたっぷり
毛先は軽く

下まつげで大人の可愛げ

下まつげって顔の中で占める面積が小さい割に存在感は絶大。Tシャツ×デニムとかシンプルなコーディネートの日にいつもよりちょっと下まつげを盛ってあげると、大人の可愛げを出すことができるから、試してほしい。ちなみに、下を盛る日は上まつげを触らないのが抜け感を死守したい＃洒落コンメイクのルール。あくまで、アクセサリー感覚で取り入れるのがオススメだよ。

Eye liner
MAKE-UP

アイライナーは忍ばせ、ぼかす

アイライナーってパキッとキレイに引くのももちろん素敵なんですけど、ぼかしてあるナチュラルなラインの方が圧倒的にこなれて見えるんですよね。なのに実際は、目がぼやけてしまうのが心配でぐりぐり引いちゃう人、結構多いんですよ。でも、目幅ってそもそも何センチかしかないじゃないですか。だから、そこに施すアイラインなんかミリ単位で印象を変えることができる。インサイドやまつげのキワキワに入れてぼかして、フレームの中にラインを忍ばせてあげるだけで、充分印象的になれる。やりすぎは洒落感を遠ざけます。

ささにぃ流 アイライナーの忍ばせ、ぼかし方

START

リキッドアイライナーを上まぶたのインサイドに

まぶたを持ち上げて、アイライナーの筆先でまつげの生え際の隙間をチョンチョンと埋めていく。鏡は顔より下に置こう。

上まぶたを
持ち上げてまつげの
生え際を埋めるよ

UZU
アイオープニング ライナー
ブラウンブラック

上まぶたのキワ全体にもリキッドアイライナーを引く

上まぶたの目頭から目尻に向かって、キワ全体にアイライナーを引く。まつげの根元を触るイメージでキワを攻めて繊細に。

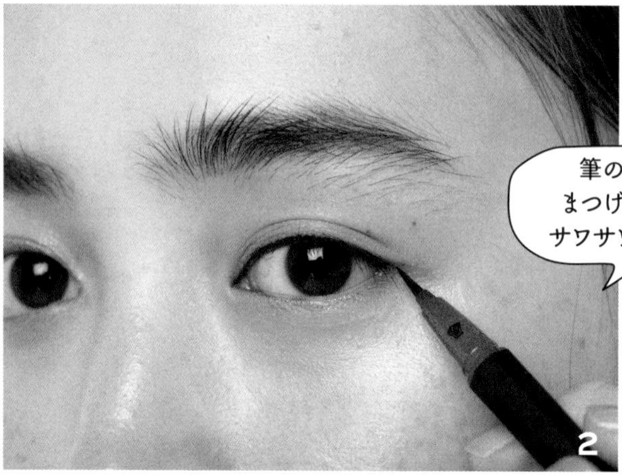
筆の先端で
まつげの根元を
サワサワ触る感じ

ブラウンのペンシルで2のラインの上をなぞる

茶色のペンシルアイライナーで**2**で引いたラインの上をなぞる。パール入りなら、光の効果でぼかしてくれるよ。

カジュアルになぞれば
いい感じにぼかせる

THREE
メズモライジング
パフォーマンスアイライナー
ペンシル 07

まなざしを印象的に魅せる

黒幕アイライナー4選

アイメイクの“黒幕”として手腕を発揮するアイライナーは、色がのって、落ちなくて、描きやすいことが選ぶうえでの3大条件。使ってる意味がちゃんとあるものが好きなんですよね。買う前に必ず一度手の甲に描いて、時間の経過による変化を観察したり、洗ったときの色残りをチェック。

明るすぎないブラウンだから締まりすぎない抜け感が出るよ
しっかり密着くっきり発色
リップにも使えるよ
キラッと洒落てるのに上品
ナチュラル成分100%
MiMC
Visée AVANT
目元を締めないメイクで大活躍
オフィスにも行けちゃう
a
b
c
d

a

UZU

アイオープニングライナー ブラウンブラック

「ほぼほぼ黒なんですけど、ブラウンのニュアンスがあるからさりげなく抜け感も狙える」¥1650／UZU BY FLOWFUSHI

b

Visée AVANT

リップ＆アイカラーペンシル 019

「色を感じたいときにもオススメのピンクベージュ。スルスル描けて、粘膜に引いてもちゃんと発色」¥1320（編集部調べ）／コーセー

c

MiMC

ミネラルアイライナー 06

「黒やブラウンの延長で使えるカーキ。スリムな芯でなめらかに引ける。いつものメイクに変化をつけたいときにぜひ」¥3080

d

THREE

メズモライジング パフォーマンス アイライナーペンシル 07

「ゴールドラメがキラめくブラウン。引いたあと10～15秒置くと密着感がグッと高まって落ちにくくなるよ！」¥3300

顔は首より前に出てるよ

「言われてみればそうかも！」と気づいていただけると思うのですが、実は顔って首よりも前に出ているんですよね。ということは、屋外でも室内でも光は首よりも顔にバッチリ当たる。つまり、人から見た自分の肌色は実際よりワントーン明るく映ってるっていうことなんです。この事実を前提に何を見直してほしいのかといえば、ファンデーションの色の選び方。僕の経験則だと大人の女性って年齢を重ねるにつれてつい明るめの色を選んでしまう方が結構多いんです。皆さんのお気持ちはよーくわかりますよ。透明感がアップしそうだし、シミやくすみも光で飛ばしてくれそうですもんね。でも、首より明るく見える場所に実際より明るい色を塗ってしまうと、顔だけがめちゃめちゃ白浮きしてしまうんです。それって大惨事じゃないですか？　お洒落以前に大問題！　ファンデーションは首に塗って色がなじんでいるくらいがベストなんです。「そんなんじゃ肌に透明感が出ない」と嘆く心配は一切ございません。そんなものは、ハイライトやコンシーラーでいくらでもトーンアップできますから。

ネイルもメイク

Nail

ネイルはかなり面積が小さいパーツ。この小さなキャンバスを塗り替えることもメイクのひとつだと思うから、#洒落コンを目指す皆さんには積極的に楽しんでほしい。ファッションにおける靴と同じで、手足の末端である指先がお洒落であってこそ素敵なメイクが完成する、と僕は思います。その日のコーディネートとカラーをリンクさせたり、大事なプレゼンの日はベージュ、とか、女友達に会うからヴィンテージっぽいカラーにしようとか。顔を合わせる人やシチュエーションを頭に思い浮かべながらチェンジしてほしい。そのマインド自体がもうすでにスタイリッシュですし。それに、ネイルは顔と違って自分の視界の中にも飛び込んでくるじゃないですか。それってつまり、指先をいいカンジにしておくと、それだけでテンションがアガる機会が増えるってことなんですよね。仕事のシーンで名刺を渡すときなんかも、指先が美しい方が相手にいい印象を与えることができるはず。それから、手って意外と顔まわりに添えることが多い。笑うときに口元に持ってきたり、頬杖をつくとき、指先の色が顔の印象にめちゃめちゃ影響してくるという意味でも抜かりなくお洒落にしておく方が絶対にいい。ネイルにこだわるっていいことしかないんです。まずは素敵なネイルポリッシュを買い足すところから始めてみませんか?

CHANGE! CHANGE!
NAIL IS MAKE-UP
LIKE A CANVAS
BE PLAYFUL

女っぷりをアゲたい日は
ディープレッドが使えるね

大人の指先を洗練させてくれるディープレッドは、深みのある赤か朱赤の二択。
#洒落コンを目指すなら、ピンクっぽいトーンは避けるのがベター。

一度塗りで
ビビットなのに
ブラシが細くて柔らか
塗りやすさまで
サロンクオリティ
デニムとかカジュアルな服の日に
爪だけ大人っぽい色なの
よくないですか?

ADDICTION
ザ ネイルポリッシュ
Red Shoes

「ノンパールで明るめのレッド。トマトっぽい赤でフレッシュな印象になれるところが使える」¥1980／アディクション ビューティ

uka
レッドスタディ ワン 1/1

「正面からドラマティックにしたい日のトゥルーレッド。トリートメント効果が高いところもうれしい」¥2420／uka Tokyo head office

essie
ネイルポリッシュ
12

「ほのかにメタリックで深みのある華やかなレッド。先端にちょっと添えるだけで圧倒的な存在感を放ってくれる」¥1650／エッシー（2021年末発売終了）

NAIL HOLIC
ネイルホリック
RD415

「深みのあるちょっとスモーキーな赤で大人っぽく仕上げたい日に推したい一本」¥330（編集部調べ）／コーセーコスメニエンス

POINT

ちょっとで色を効かせられるから
フレンチネイルくらいがちょうどいい。

シンプルに全体に塗るのが美しい。一度で仕上げず、薄く二度塗り。

ツヤッとするからムラも目立ちにくい
色も高貴なんだけどブラシも上質なんだよな〜

ADDICTION

ザ ネイルポリッシュ Vanilla Break

「グレージュっぽいベージュはカッコよくしたい日に。スモーキーだけど手肌はくすまないよ」¥1980／アディクション ビューティ

LUNASOL

ネイルポリッシュ 08

「プレーンなベージュ。パールがさりげなく入っていて光が当たったときツヤッとするのがキレイなんです」¥2200／カネボウ化粧品

YVES SAINT LAURENT

ラ ラック クチュール 22

「ミルキーでピュアっぽいベージュ。どこまでもナチュラルなのにめちゃめちゃ上品なんです」¥3520／イヴ・サンローラン・ボーテ

Dior

ディオール ヴェルニ 428

「ちょっと赤みのある血色感のあるベージュ。温もりはコンサバコーデにマルヒツ」¥3300／パルファン・クリスチャン・ディオール（販売終了）

#洒落コンと相思相愛 上品ベージュは一家にひとつ

ベージュネイルのいいところは爪が裸に見えるところ。塗ってないようで塗ってる感が伝わる、肌に溶け込む色こそが指先を美しく見せてくれる。

アクセ感覚で使えるキラキラポイント使いが#洒落コンだよね

大人の女性がキラキラを取り入れるときは、指の中の数本だけだったりポイント使いするくらいがハイセンス。ラメの大きさは好きなものでいいよ。

肌なじみいい！！バツグン！ー
キラキラ初心者さんも安心

NAILS INC

ビーチ ボトルド
ザット タン ライフ

「宝石みたいなシャンパンゴールド。キラキラだけどギラギラじゃない品のよさが大人の可愛げを叶えてくれます」¥2200／TAT

都会的なシルバー
ペディキュアにもヘビロテ

ADDICTION

ザ ネイルポリッシュ
North Star

「このシルバー、さわやかな印象になれるんですよね。メタリック感がモードでスタイリッシュ」¥1980／アディクション ビューティ

カラバリ豊富で
どの色もイケてる

プチプラ
なのに高見え

NAIL HOLIC

ネイルホリック オーロラグリッター
PU163

「ラベンダーにカラフルなラメが入った一本。ゴージャスで存在感がある」¥396（編集部調べ）／コーセーコスメニエンス

ANNA SUI

ネイルカラー トッパー
206

「ピンク、グリーン、ゴールドのホログラムがふんだんに。ドロップ形のチップがのせやすい」¥2200／アナ スイ コスメティックス

輝き方がビジュー
さながら

POINT

ブラシの先端にラメをとって爪の中央にランダムにのせるだけで出来上がり。簡単でしょ。

POINT

**グリーンを下半分に。
トップコートを重ねて
ノーカラーの部分をツヤッと。**

THREE

ネイルポリッシュ

5種類の植物オイルを配合。爪に優しい処方。
[上から]「琥珀色っぽい赤みのあるブラウン。鮮やかなのに透け感があるから軽やかさも欲張れる」114、「塗ってみると意外と柔らかさを感じるネイビー。上品なツヤめきが手肌の透明感を引き出してくれる」120、「適度にスモーキーでさわやかなグリーン」118、「グレイッシュなトーンのラベンダー、好きなんですよね」113 各¥1980

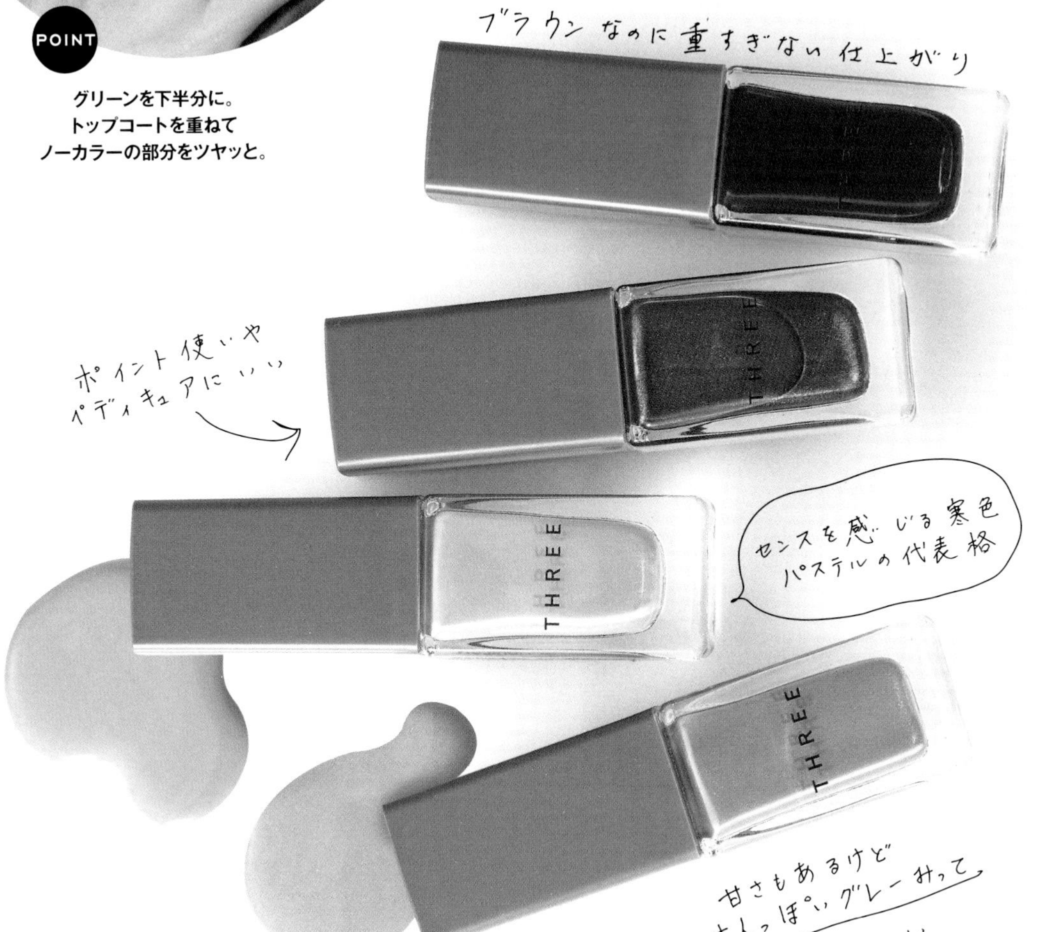
ブラウンなのに重すぎない仕上がり
ポイント使いや
ペディキュアにいい
センスを感じる寒色
パステルの代表格
甘さもあるけど
大人っぽいグレーみって
素晴らしい

ニュアンスカラーが欲しけりゃ THREEに走りなよ

この絶妙に洒落てるくすみカラーってTHREEでしか出逢えないから、
ついつい集めちゃう。「こういう色欲しかった！」って色が必ずあるんだよね。

ひと手間かけた人から洒落顔決定！

マットな派手色リップ、塗り方講座

ともするとカサついて縦ジワが目立ってしまいがちな派手色マットリップをまとう日は、
仕込みで土台を整えることと、仕上げにぼかす2つの手間が不可欠。サボると後悔するよ！

START

最初に
うるおいを仕込むのが
かなり大事
USE IT
1

綿棒でリップクリームをたっぷり塗っておく

唇の縦ジワが悪目立ちしないようにリップクリームでうるおいをチャージ。土台をなめらかに整えれば重ねるリップのノリもアップ。

セルヴォーク
ディグニファイド リップス 30

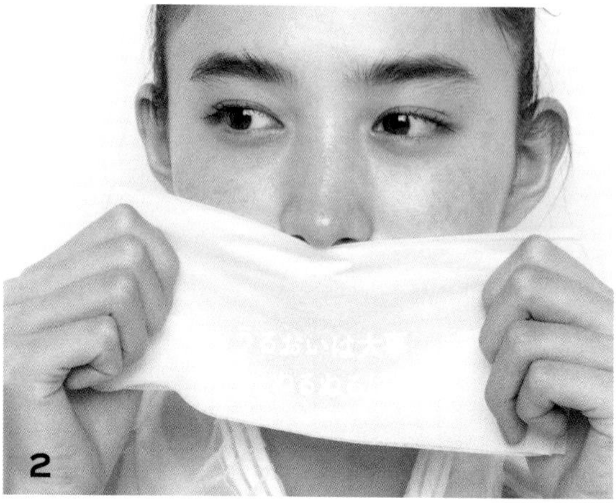
2

リップクリームを軽くティッシュオフする

うるおいは大事だけど、ぬるぬるしているとリップを重ねたときにヨレてしまうのが難点。ティッシュオフして薄く均一にしよう。

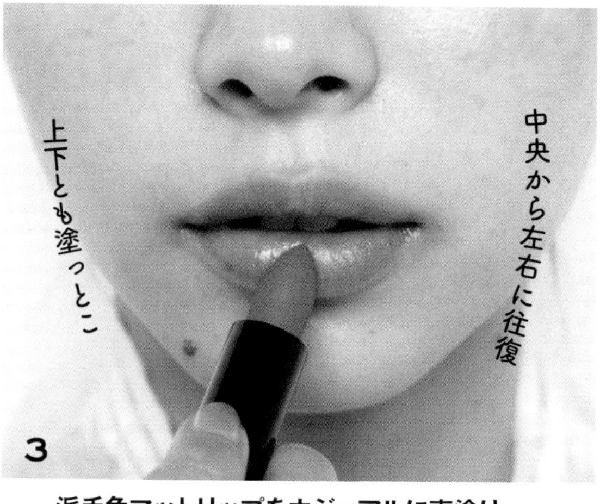
中央から左右に往復
上下とも塗っとこ
3

派手色マットリップをカジュアルに直塗り

唇の土台が整ったらいよいよリップの出番。最初はリップクリームを塗る要領でカジュアルに。上下とも中央を起点に左右に往復。

このひと手間で
いい感じの
グラデになるんだ
これが
4

唇の輪郭を指でトントンぼかしたらフィニッシュ

唇の上を指でトントンとタッピングして、**3**で塗ったリップをなじませる。中央からサイドへなじませて、輪郭もトントンぼかして。

派手色リップは マット、トントントン

僕が洒落感を最も出しやすいと思うのが派手色のマットリップ。週末や会社帰りに誰かと約束をしている日はリップメイクを冒険してみてほしい。自分の表情もいつものコーディネートもすごく新鮮に見えたりするのがいい。何より、シーンに合わせてメイクを軽やかに変えられる女性ってすごく魅力的ですよね。ただ、派手色マットリップは塗りっぱなしだと印象がどぎつくなるし、乾燥でガサガサに見えがちなのが難点。颯爽とつけこなすために仕上げのぼかしテクをマスターしておきませんか。

挑戦した人から注目浴びちゃうよ

ささにぃ’s 派手色マットリップセレクション

派手色マットリップのいいところって無条件にお洒落なだけじゃなく、
ぼかすことで肌になじむところだと思うんです。
ハードルが高いようでいて実は使いやすいからどんどんチャレンジ！

エネルギッシュな
ピンク
ありそうでなかった朱赤
ⓐ
パッケージも
ドラマティック
ベルベットタッチで
ふわふわな唇に
ⓑ
LANCÔME

b

DOLCE&GABBANA

パッションリップ クリームトゥパウダー
マットリップペン 280

「ウルトラマットでありながらベルベットのように光沢のあるリュクスなフューシャピンク」¥4400／DOLCE&GABBANA BEAUTY

a

LANCÔME

ラプソリュ ルージュ IM
130

「オレンジみのあるキャロットレッド。マットなんだけどツヤが潜んでいるからマット初心者さんはまずこちらから取り入れてみては」¥4400／ランコム

ゼログラビティな
つけ心地
顔色が
フレッシュになるよ
ONOFF
オンオフ
問わず使える
さすが
シグネチャーカラー
大人のセンスが
アピールできる
霧がかかった
ような
マット感が
新鮮
SUQQU
ADDICTION TOKYO
NARS

e

SUQQU

コンフォート リップ
フルイド フォグ 06

「白みのあるベージュ。この中では一番落ち着いた色みだから、よくなじませればオフィスにも連れて行けるんじゃないかな」¥5500

d

ADDICTION

ザ マット リップ リキッド
There is no Blue

「スーパー明るめのブラウンオレンジ。薄膜でフィットして落ちにくいし保湿力も高い」¥3520／アディクション ビューティ

c

NARS

リップスティック／オリジナル
2966

「青みをはらんだディープレッド。唇にのせるだけで洗練されるインパクトカラーはまさにオンリーワン」¥3630／NARS JAPAN

ツヤリップは渋色なら間違いないね

グロスを筆頭にツヤのあるリップって、質感だけで主張が強いから色選びを誤ると印象が古めかしくなってしまいがち。でも、最近またリバイバル的に新作がどんどん出てきているから、#洒落コンを目指す皆さんにもぜひ取り入れてもらいたいんです……となったときにオススメなのがビターな渋色。いい意味でピュア感を引き算できるからこなれて見える。

#洒落コンツヤリップは
この2STEPでカンペキ

せっかくツヤツヤしているんだから、立体感も同時に欲張れた方が絶対おトク。
でもあくまで品よくまといたいから、薄膜で仕上げていくのがルールだよ。

START

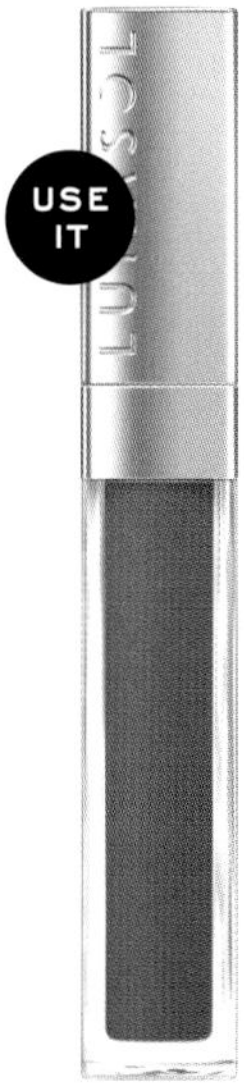

LUNASOL
ジェルオイルリップス 06

事前にリップ
クリームで土台を
うるおしておこう

渋色グロスを唇全体に均一に塗る

リップクリームを塗ってベースをなめらかに。付属のスパチュラにグロスをとって適度にしごいたら、唇全体に均一に広げていく。

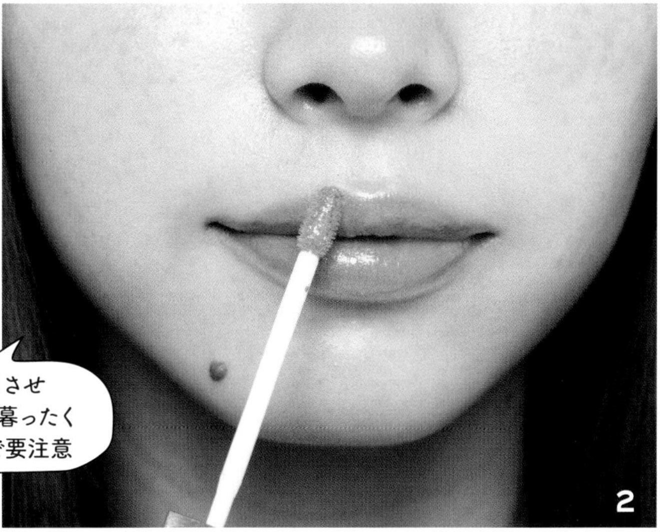
ぷっくりさせ
すぎると野暮ったく
見えるので要注意

唇の山に重ねて立体感をプラス

スパチュラにもう一度グロスをとってしごき、分量を調整。上唇の山の輪郭をなぞるように重ねてさりげなく立体感を出したら完成。

僕がこよなく愛する

渋色ツヤリップ、教えるよ

ここに並べたリップたちは、きちんとツヤ感があるんだけど決して
きゃぴきゃぴしていない、大人にぴったりのテクスチャーのものだらけ。
色のトーンはバラバラだから、その日の気分や好みに合わせてどうぞ。

ラメ感、ツヤ感が
ブラウンを軽やかに
ヘルシーに
なれるよ
Celvoke
b
ちゅるちゅる質感の
チョコレート色
LUNASOL
Oil In!
オイルインで
うるおいタッチ
a

b

Celvoke

エンスロール グロス
07

「濃密なテクスチャーで唇にピタッと密着するブロンズオレンジ。適度にラメが入っているから軽やかなこなれ感が出せます」¥3080／セルヴォーク

a

LUNASOL

ジェルオイルリップス
06

「ちゅるっと系テクスチャーの赤みブラウンは甘さを引き算したいときに大活躍。ベタッとしすぎない質感も快適なはず」¥3520／カネボウ化粧品

UP! UP!
ワンランク上の唇になれる
つけてる感がないくらい
軽い
ⓒ
リップ下地
としても活躍
みずみずしさ
全開!
ⓓ
ADDICTION TOKYO
YSL

d

ADDICTION

リップ オイル プランパー
Bitten

「透け感のあるワインレッドって案外使いやすいんですよ。オイルインでトリートメント効果が高いのもいいところ」¥3300／アディクション ビューティ

c

YVES SAINT LAURENT

ルージュ ピュールクチュール
ヴェルニ ウォーターグロウ 215

「ローズのニュアンスを帯びたキャラメルブラウンが絶妙でたまんない。軽やかだし、一度塗ると落ちにくい」¥4730／イヴ・サンローラン・ボーテ

一生モノのツールに出逢う

たかがツール、されどツール。最近はコスメを買ったときについてくるツールもハイスペックなものが多いけど、メイクの仕上がりの精度を上げたいなら、そのパーツをメイクするためだけに作られた専用のツールを揃えることをオススメします。中には高い買い物もあるけれど、本当にいいものって時間が経っても劣化しないどころか使うほどになじんできたりするので、余裕で元が取れちゃうと思います。僕のメイクボックスの中にも15年選手とか全然いますもん。ブラシなんて摩擦を微塵も感じないくらい柔らかだったりするから、毎朝メイクをする手も自然と弾むんじゃないかな。何より、いいツールで完成させたメイクってクオリティが全然変わってくる。お手入れやクリーニングがそれなりに必要になってくるからちょっぴり面倒に感じるかもしれないけれど、ツールのメンテナンスって心の余裕にもつながると思うんですよね。

「そうは言っても何を買ったらいいかわからない」と思ったあなたのために、僕の選りすぐりのツールをご紹介します。

メイクの仕上がりが格段に変わるよ

騙されたと思って、揃えてほしい

数々のツールを試してきた僕のファイナルアンサーがこのラインナップ。
ブラシとパフはできたら3日に一回、最低でも週に一回は洗うのをルーティンに。

コンシーラーで
カバーしたい
細かいところに
スルスル届く
ふわっと感が
極上
とにかく
上げやすいの
一言に尽きるね
ⓐ
これぱっかり使っちゃう
SHISEIDO
ⓑ
まつげの
仕上がりが
驚くほど
見違えるよ
ⓓ
ⓔ
絶対に持っておいたがいい!
HAKUHODO
ⓒ
汚れも目立ちにくい

d

clé de peau BEAUTÉ

パンソー
(コレクチュール) n

「ブラシのサイズ感と厚みがちょうどいい。目のまわりに使うことが多いから丸カットが安心です」¥3850／クレ・ド・ポー ボーテ

a

資生堂

アイラッシュカーラー N
213

「僕の経験上、ほとんどの日本人女性のまぶたのカーブに合う！ ゴムに弾力性があってテンションがかけやすいんですよ」¥880

e

志々田清心堂

マスカラコーム（スタンダード用）
FMK-700BK

「コームがとても密でマスカラのダマがすぐ取れる。繊細なまつげを作ることができるからアイメイクのスタメンに指名中」¥770

c

白鳳堂

B505 チーク
丸平

「どこまでもソフトタッチでどんなチークもナチュラルにまとうことができる、灰リス毛と山羊毛の化粧筆。粉含みも最高！」¥10230

b

資生堂

パウダーパフ
123

「肌触りが最高によくて粉含みがいいから繊細にパウダーをのせられる。肉厚で洗ってもすぐへたれないところも素晴らしい」¥660

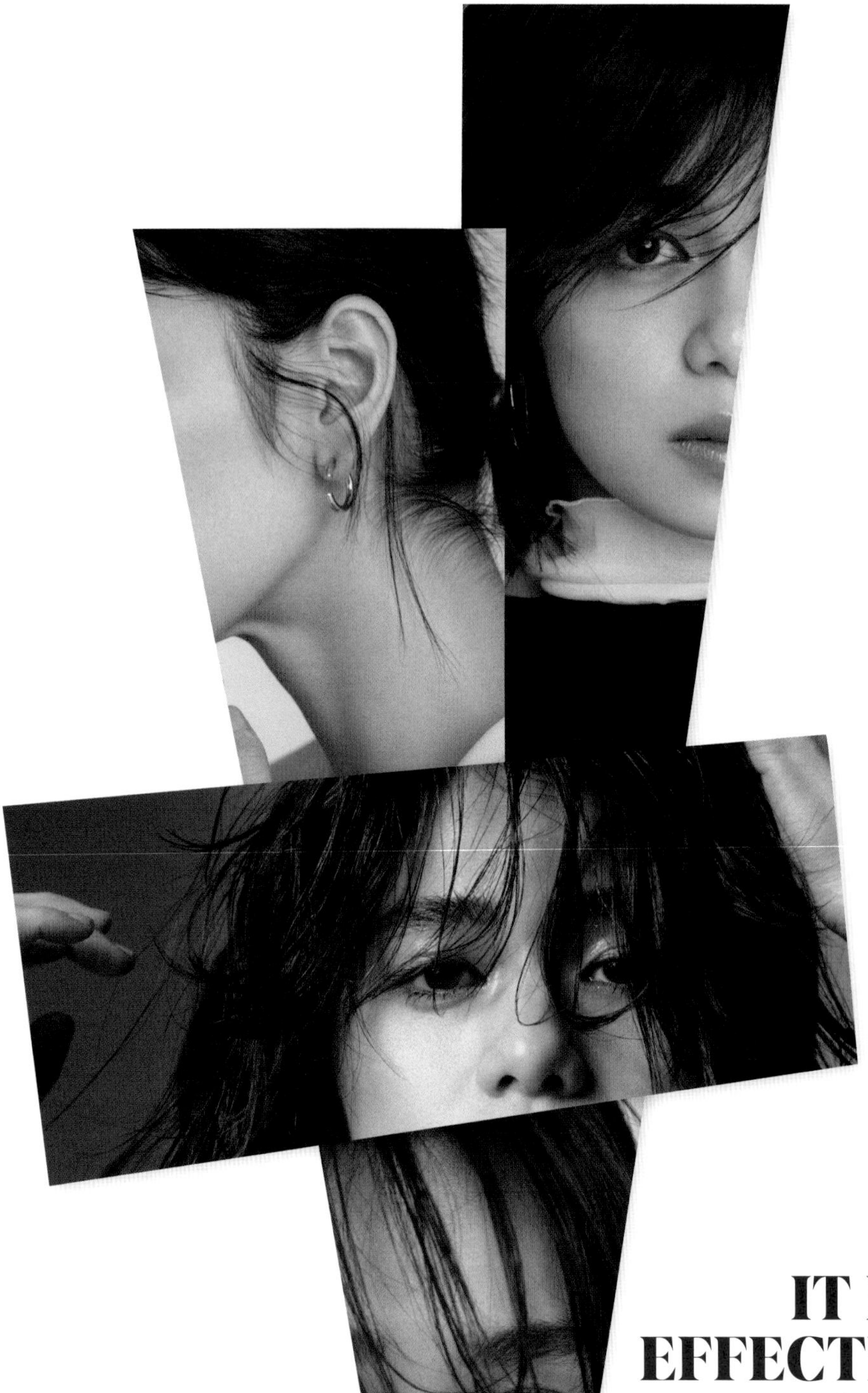

IT IS EFFECTIVE TO MAKE THE WET STYLING!

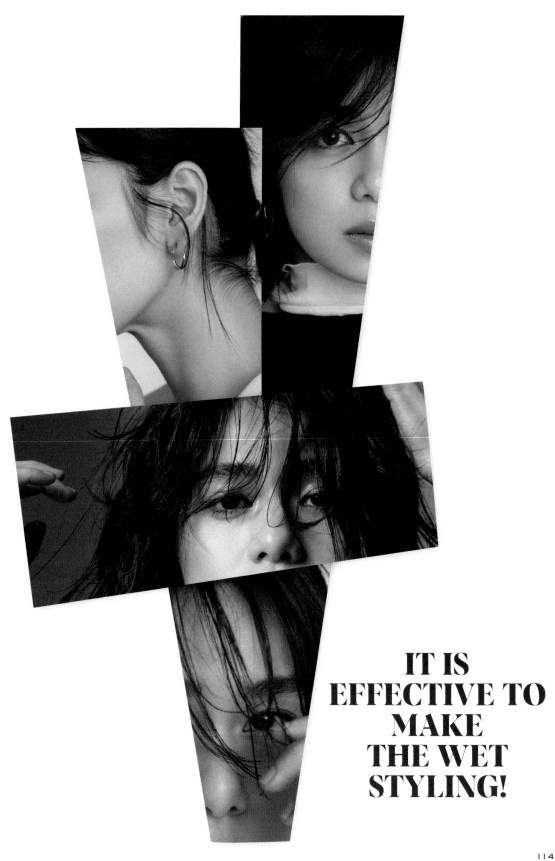

ウェットは効かせるのが効果的

肌も髪もウェットな質感って、言ってみれば#洒落コンを叶えるための飛び道具。簡単にイメージを一新できるのが便利なんですよね。でも、あまりに全部をツヤツヤにすると沼から上がってきたかのようにギトギトな人に見えてしまう。ここでもやっぱりつけすぎは御法度なわけです。

肌においては、光を集めたいパーツにだけハイライトを点置きすることが重要。髪の場合はつけるパートを絞ってほしい。ダウンスタイルでウェットにするときは全体の2/3くらいが濡れてるとちょうどいい。どちらにおいてもあからさまに主張させるより、ポイントで効かせてあげる方が印象が洗練されるんです。ちなみに濡れ感はそれだけで女性らしいムードが漂うから、ヘアや肌をウェットにする日はコーディネートをちょっぴりマニッシュにふってあげる方が全身のバランスがいいかもしれません。

デコルテにもオイル

ベースメイクが〝ほどツヤ〟なのに、そこからつながる首やデコルテがサラッとしたままなのは、なんだかチグハグ。顔も含めて、全身は一枚の肌でできているわけじゃないですか。だから、質感はできるだけつながっている方が素敵ですよね。胸元のあいた洋服を着る日は特に、首やデコルテにも同等のツヤ感を出してあげることで一体感が生まれると思います。そのためにまず大切なのは毎日のスキンケア。バストまでを顔だと思って、化粧水、美容液、乳液orクリームの3ステップのアイテムをしっかり塗ってあげましょう。そのうえで、デコルテの見える服を着たときにツヤが足りなかったらオイルを投入。薄くなじませて〝ほどツヤ〟感を演出しよう。それから、トータルで大切なのは、ここでも引きの視点。メイクを進めていく途中で何度もバストアップくらいまで引いた自分をチェックするとバランスよく仕上がりますよ。

USE IT

イットオール ナチュラル
ライヴリーオイル

HOW TO

肌にも髪にも使えるナチュラルなオイル。髪をサラッとさせてくれつつ、ほんのりツヤっぽくなるのが魅力的。使い方は簡単。1プッシュを手のひらにのばしてデコルテにダイレクトになじませてあげるだけでいい。マッサージするように圧をかけながら塗ると血色感もアップ。50mℓ ¥3520／ビーバイ・イー

ヘアは上半身、

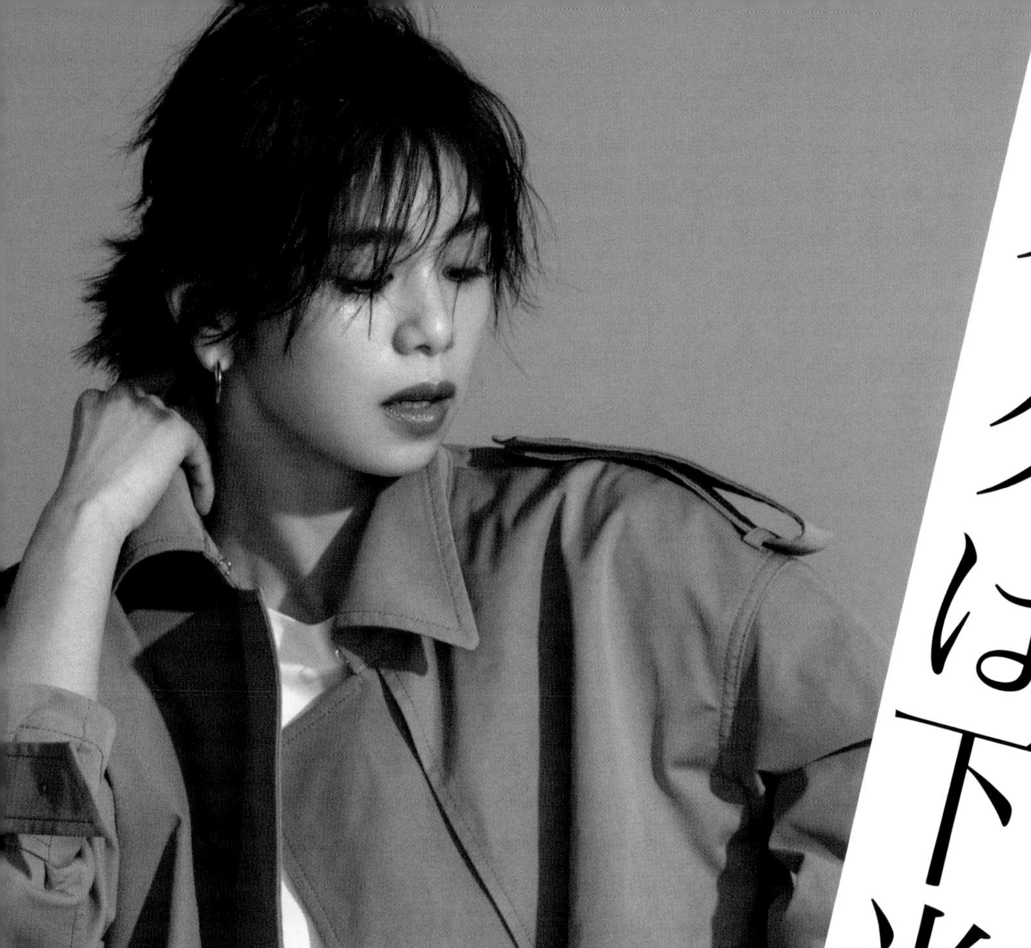

メイクは下半身

ファッションのコーディネートを組むとき、トップスとボトムスのバランスを考えますよね。トップスにフリルがついていたら、合わせるボトムスはシュッとしたシルエットの方がいいかな、とか。ヘアとメイクの組み立て方もこれに倣うとうまくいくと思うんです。ちょっと想像してみてください。ヘアを盛っている日にメイクも盛ってしまったらトゥーマッチな印象になってしまいますよね。反対にどちらも抜け感しかないのも表情がぼやけてしまう可能性、大。でも、ヘアをトップス、メイクをボトムスだと仮定して、どちらかに抜け感を出してあげればヘアとメイクのバランスが格段によくなるんです。方法は簡単。〝ヘアを盛ったらメイクに抜け感〟、〝メイクを盛ったらヘアに抜け感〟。まずはこの2つのルールを意識するだけでヘアとメイクのバランスが洒落るはず。是非、試して下さい。

顔まわりのニュアンスで語れ！

#洒落コンバング

視界が霞んで邪魔かもしれないんですが、目の上にはらりと落ちるラフな毛束の流れって、表情を一気にスタイリッシュにしてくれるんですよね。適度にホールドしておけば風に吹かれて動いても洒落たままでいられる。

AVEDA
コントロール フォース

YUMEDREAMING
EPICUREAN ヘアワックス

HOW TO STYLING

前髪を生え際からバックに向かってかきあげたらその状態でキープスプレーをシューッ。前髪をフロントに持ってきながらラフに手ぐしで整えて。米粒大のワックスを薄く指先にのばして毛先をチョンチョンとつまみ、ウェット感を出しながらフィックスしたら完成。

フェイスラインの髪をピチッとタイトにまとめるのもカッコよくて、潔くて好きなんですけど、こなれ感が今すぐ欲しいっていうときにはニュアンスを作っちゃう方が早いんですよね。もう「私はお洒落です」って宣言してるも同然。前髪をハラッとさせたり、後れ毛をしゅるんと出してあげるだけで一気にセンスよく見えちゃうんだから、マスターしない手はない。大人になったらヘアスタイルに〝ニュアンス〟の引き出しを設けておくと、デイリーにもフォーマルにも絶対重宝しますよ。僕が太鼓判を押します。

#洒落コン後れ毛

後れ毛は、耳の前後にしゅるんと作るだけでOK。小顔に見せたいからと前髪の両サイドをフェイスラインにおろすのは野暮ったく見えるだけ。今より洒落感をアップさせたいなら、勇気を出してスッキリしまっておくこと。

USE IT

john masters organics
スリーキングスティック

HOW TO STYLING

事前に根元以外をコテで軽く巻いてニュアンスをつけておく。手ぐしで全体をまとめて衿足のすぐ上あたりでひとつ結びに。耳の前のもみあげ部分の髪と耳の後ろの毛束をひと筋ずつ引き出したら、ワックスをなじませてツヤッと。引き出す量が多いと疲れた顔に見えてしまうので要注意。

アイドル前髪は洒落感ゼロ

清純派のアイドルや女性アナウンサーの方がよくされている前髪、ありますよね。8：2くらいに分けて、8側をナチュラルにサイドに流しているアレです。あの前髪もTPOで必要とされているシーンではいいと思うんです。面接とか、将来的に母親として学校行事に参加するときなんかは、むしろその方が好感度が高いとさえ言える。でも、この本を手にしてくださっている皆さんにはあの斜めバングが洒落感ゼロであることだけは頭に叩き込んでおいてほしい。お洒落偏差値アップの第一歩はバングをラフに崩すこと。この見開きに掲載されている2枚の写真を見比べたら、どっちが魅力的かは……ほら、もう一目瞭然ですよね？

パーマには少しオイル

パーマや巻き髪、クセ毛にはスタイリングのときに少しオイルをなじませてほしい。僕からのお願いです。ツヤのないウェーブヘアって大人がすると残念ながら清潔感が半減してしまうんです。でも、オイルをなじませるだけでその事態を回避できる。髪のまとまりが見違えるし、印象がフレッシュに若返って一気にこなれさせることができるんです。ここで重要なのが、いくらツヤが大切でも決してつけすぎないこと。オイルはただでさえ重さがあるから、つける量がちょっとでも多いとベタッとしてヘアスタイルが潰れてしまうリスクが大。あくまで少しが鉄則です。

HOW TO STYLING

手のひら全体に薄くのばしたら、頭を下向きにして衿足から毛先に向かってババババッと手ぐしでなじませる。頭を起こしてもう一度ババババッと手ぐしを通せば、理想のニュアンスが生まれるはず。日中もスタイルをキープできるよう皮脂が分泌される根元ははずして。

USE IT
O by F
リッチオイル

ヘアスタイリングの立て役者をご紹介しましょう

上質な髪質を叶えてくれるブラシ、ニュアンスを演出するジェル＆ワックス、質感をコントロールするオイル、スタイルをキープするスプレーの4ジャンルがあれば、ヘアのデザインは自在。

絡みがいいから
逆毛を
立てるときも活躍
高いだけのことはあります
クッション入りで
頭皮マッサージにも
最適
JUNIOR
The MASON PEARSON London England
NYLON & BRISTLE
出ました！ヘアブラシ界のロールスロイス・・・

Brush

（ブラシ）

「このブラシよりいいブラシがあったら誰か教えてください」ってくらい惚れ込んでいるメイソンピアソン。高いけどお値段以上の価値があるって保証します。

MASON PEARSON

ジュニアミックス
ダークルビー

「猪毛＋ナイロン毛がこの上ないくし通りを実現。びっくりレベルで髪にツヤとまとまりが出る」¥16500／オズ・インターナショナル

Gel & Wax

（ジェル&ワックス）

ヘアスタイルを本気でフィックスしたいときはジェル、フィックスしたいけどパッと見フィックス感を出したくないときはワックスを使います。どちらも必要。

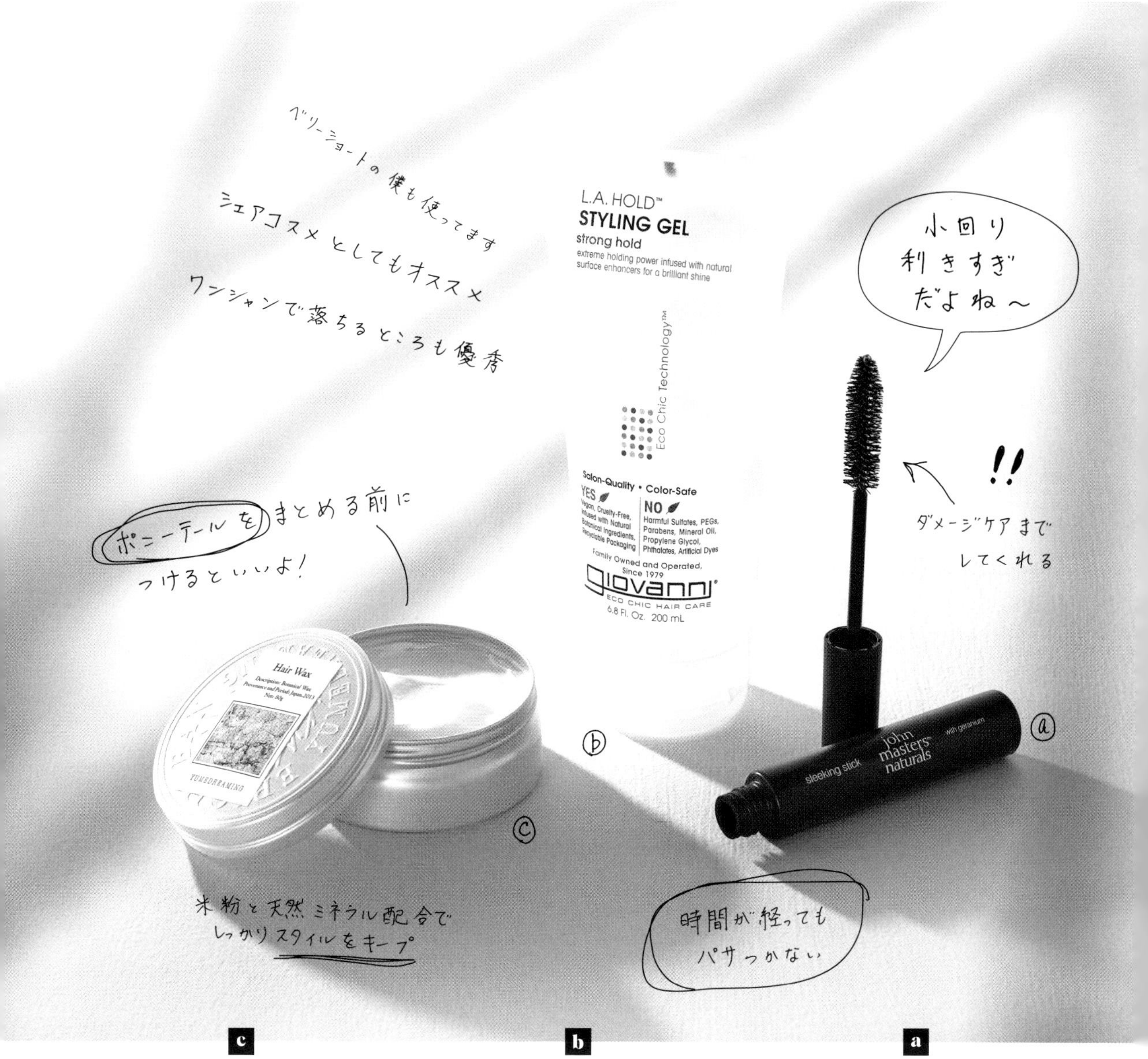
ベリーショートの僕も使ってます
シェアコスメとしてもオススメ
ワンシャンで落ちるところも優秀
L.A. HOLD™
STYLING GEL
strong hold
小回り利きすぎだよね〜
!!
ダメージケアまでしてくれる
ポニーテールをまとめる前につけるといいよ!
Hair Wax
YUMEDREAMING
giovanni
6.8 Fl. Oz. 200 mL
john masters naturals
sleeking stick
ⓐ
ⓑ
ⓒ
米粉と天然ミネラル配合でしっかりスタイルをキープ
時間が経ってもパサつかない

c

YUMEDREAMING

EPICUREAN
ヘアワックス

「質感がマットでつけた感じがまったくしない。ほどよいフィックス感でパラパラ落ちてこない。さすがです」80g ¥3960／ツイギー

b

giovanni

L.A. ナチュラル
ヘアスタイリングジェル

「ウェットでオールバックにしたいときなんかに使うと短い髪も押さえ込める。軽めでベタつかない」200mℓ ¥2640／コスメキッチン

a

john masters organics

スリーキングスティック

「サッと塗るだけで前髪や後れ毛に束感を出せる名品。まとまりが出てツヤ感もアップ」15g ¥2310／ジョンマスターオーガニック

Oil

（オイル）

オイルはその日に作りたいスタイルによって、質感が軽いものと重いものを使い分けるのがいいと思います。こうして並べてみると、香りのよさも重視してるかも。

美容液成分たっぷり
うねりや浮きもするん
リゾーティな香りGood!
テクスチャーが軽くてベタつかない
ミストタイプでお手軽
うるおうのにベタつかない
頭皮のマッサージにも使えておトクだよ
コテで髪を巻く前の仕込みに最適
O by F
rich oil
MOROCCANOIL
SMOOTH
1.7 FL.OZ / 50 ml
On the Beach
ⓒ
ⓑ
ⓐ

c

O by F

リッチオイル

「一度つけたら絶対に乾かないのでウェットな質感にしたいときに出動。毛束に動きも出せる」80㎖ ¥3410／エッフェオーガニック

b

MOROCCANOIL

ブロードライ
コンセントレート

「コテで巻く前になじませると、いい意味で束感が出てクセがつけやすくなる。ちょい重め」50㎖ ¥3300／モロッカンオイル ジャパン

a

uka

ヘアオイルミスト
オンザビーチ

「中間から毛先を水で濡らしてからこのオイルをつけてブローすると毛先まで素直」50㎖ ¥3850／uka Tokyo head office

Spray

（スプレー）

いいヘアスプレーの条件って、いい感じの空気感がキープできることと、時間が経っても白くならないことだと思うんです。この3つはどれも長いお付き合い。

c

Elnett

エルネット サテン〈ローズフレグランス〉

「ブローの終わりに髪全体にスプレーしてブラッシングすると形状キープが簡単」207g ¥1320／ロレアル プロフェッショナル

b

AVEDA

コントロールフォース

「つけた感がまったくないマットスプレー。すごくハードにホールドできて一日中へたらないところが魅力」300㎖ ¥3740／アヴェダ

a

OWAY

ボリュームルーツスプレイ

「根元にスプレーしてドライヤーで乾かすだけで髪がふんわり。ボリュームを出すのが簡単すぎる！」160㎖ ¥3960／アラミック

洒落リップといったら

今よりワンランク上の洒落顔になりたいと思ったら、セルヴォークのカウンターに行けばまず間違いないです。セルヴォークが提案する色や質感って、いつも出合い頭は「ちょっと先を行ってる」って感じるんです。でも、発売から2ヵ月くらいするとそれがトレンドを超えて感度の高い人たちの間で定番化していくことが多い。一見「難しそう」っていう派手色なんかもいざ使ってみるととてつもなくスタイリッシュ。どのアイテムも好きなんですけど、毎シーズン断トツで惹かれるのがリップ。テクスチャーもいろいろなんですが、ルージュもグロスもチークリップもそれぞれのよさがあってどれも好き。僕たちヘアメイクは現場で使いたい色を求めて手持ちのリップを絵の具みたいに混ぜることが日常茶飯事なんです。でも、セルヴォークにはそういうかゆいところに手が届く色がバッチリ揃ってるんですよね。「これ、これ、こういうの欲しいのになかなかないんだよね」ってリップが絶対見つかるブランドなんです。クリエイティブアドバイザーの菊地美香子さんのセンスが光りすぎてる。天才です！

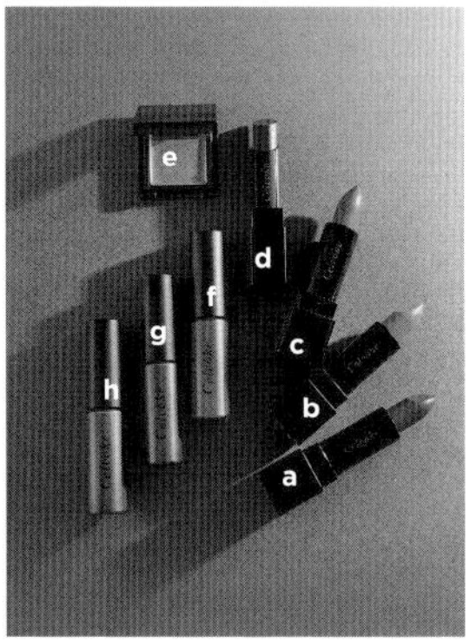

a ディグニファイド リップス 09
b ディグニファイド リップス 33
c ディグニファイド リップス 30
d リベレイティッド マット リップス 04
e インフィニトリー カラー 17
f エンスロール グロス 05
g エンスロール グロス 10
h エンスロール グロス 12
／セルヴォーク

セルヴォークだね

チークにも使える
フレッシュなコーラル
Coral
とがりすぎてない
女っぽいブラウン
フレッシュで
カジュアルな
オレンジレッド
Celvoke
Orange Red
洒落感と品が
一度で出せる
神ベージュ
Brown
みかんオレンジは
抜け感も出せるんだな
Orange
Yellow
Beige
Pink & Purple
いい意味で血色を
一歩引いてくれる
カレーイエロー
デイリーに使える
秀逸なブラウン
Brown
ピンクと紫の間の色で
肌までピュアになる

品が欲しけりゃとりあえずシャネルだね

素敵なパッケージの中に、洗練されたコスメが佇んでいる。お洒落でクラス感があって、利便性もあって……僕から見たシャネル様はまさに非の打ち所のないブランド。特に、グローバル クリエイティブ メークアップ＆カラー デザイナーにルチア ピカが就任してからは、毎シーズンどんなアイテムを打ち出してくれるのか楽しみでなりません。コレクションの配信をチェックして次のシーズンのメイクを構築することもよくあります。彼女のクリエイティヴって奇抜なカラーや質感も結構あったりするんです。ルチアがそのときに好きなものを作ってる自由な雰囲気も漂っていて、独自路線な印象を受けるときもある。でも、気がつくと世界のトレンドの中心にシャネルがあるんですよね。そのうえで絶対に品を宿しているところが素晴らしい。気高さとプライドを感じずにはいられません。パッケージのどこかしらに黒が用いられていることが多いんですけど、その黒のクラス感も圧倒的。手にするだけで持ち主に気品を授けてくれる。メイク直しをする姿すらエレガントに昇華させてくれるから、ポーチにひとつ忍ばせてみては？

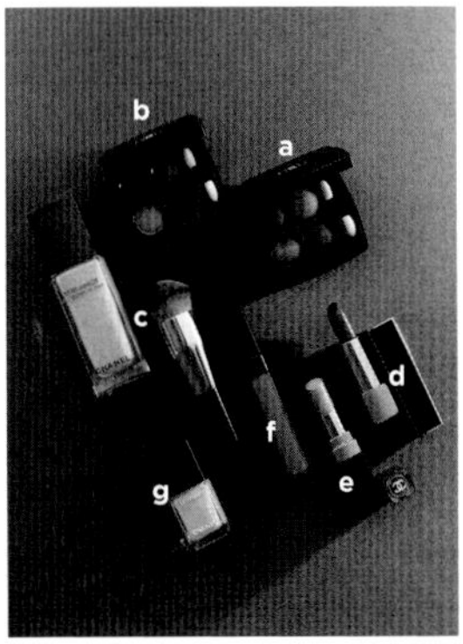

a レ キャトル オンブル 372（限定）
b レ キャトル オンブル 308
c サブリマージュ レサンス ドゥ タン（ブラシ付き）
d ルージュ アリュール 127
e ルージュ ココ フラッシュ 154
f ルージュ ココ リップブラッシュ 416
g ヴェルニ ロング トゥニュ 883
／シャネル（笹本私物）

ALLマットな質感で
肌に溶け込む発色
Eye
テラコッタ系は
泣く子も黙る洒落感
Eye
SUBLIMAGE
L'ESSENCE DE TEINT
CHANEL
Foundation
一本は
持っておきたい
クラシカルなレッド
Cheek & Lip
Lip
Lip
カバー力もツヤ感もある
ハイスペックなファンデ
Nail
LE VERNIS
CHANEL
ふわっとした
質感の
チーク&リップ
ざくっと塗れるのに
ツヤめきさえ上品
シュガーレスな
ホワイティピンク

INTERVIEW

WITH

Nozomi Sasaki

ささもんのメイクは女性を輝かせる魔法

笹本（以下S） 僕らが初めて会ったのは、たしか「Oggi」の撮影の現場だよね。僕、そのときはまだアシスタントだった気がする。

佐々木希さん（以下N） そうだったかも。2回目に会ったとき、ささもん（笹本）はすでにすごく売れっ子になってて、現場で「この前デビューしたばっかりなのにスゴいね」ってスタッフさん達にも集中攻撃されてたよね。

S どこに行ってもいじられてる（笑）。

N それだけ愛されキャラってこと。初めてヘアメイクしてもらったときからすごく素敵な仕上がりで、感動したのを今でもよく覚えてる。

S あの日を境に頻繁に顔を合わせるようになって、雑誌以外の現場でも声をかけてくれたりして。希ちゃんのおかげで仕事の幅もすごく広がったんだよね。

N そんなことないでしょ？

S そんなことあるある！ ありがとうございます。

N お互いおしゃべりが止まらないから、メイクルームでの会話が尽きないよね。だから1カット目のシュートまでの時間がだいたい押しちゃう（笑）。

S ……って聞くと、この対談を読んでる方は「遊んでるだけじゃん」って思うかもしれないので弁解させていただきますが、僕、ちゃんと仕事してますからね！

N もちろん！ ヘアメイク前のスキンケアやマッサージもすごく丁寧にしてくれるから、安心して撮影に臨める！ そんな絶大な信頼をおいているささもんから初の著書のカバーモデルとして声をかけてもらえて、心の底からうれしかったよ。

S それはこっちのセリフ。この本の撮影に参加してくれて、感謝しかない。

N 最初にお話をいただいたとき、マネージャーさんに「これだけお世話になっている方の書籍に出させていただけるからには、しっかりやらせていただきます」ってメールを送ったもん。

S うれしい！ 希ちゃんのそういう性格、好きなんだよね。友情を感じてジーンとしてしまった。

N 私自身、ささもんのメイクの大ファンだから！ この本のテーマになっている〝洒落コン〟はもちろん、モードもフェミニンもカジュアルも、オールジャンルできる人ってなかなかいない気がする。

S 僕からしてみたら希ちゃんもオールラウンダー。どんなテイストも似合うから、いろんなヘアメイクをしてみたくなる。今日も正直、3パターンじゃ物足りなかった。

N 私も、ずっと撮影していたいくらい楽しかった。ささもんのメイクって、いつも仕上がりが〝ザ〟って感じではないところに感動するんだよね。

S え！ そうかな？

N たとえば、今日のグレーのセットアップのときのメイクも「アイシャドウ、ピンクなんだ」って驚いた。

S ピンクのアイシャドウとグレーのアイライナーを使ったメイクだよね。

N うん。マニッシュなコーデのときって、メイクもカッコよくしたくなるのに「そうくるんだ」って思って。あそこでピンクを使うのは、思いつかないかも。

S ファッションがマニッシュだからちょっと女性らしさを足す方が柔らかさが垣間見えて素敵になる気がしたんだよね。

N そういう意図があったんだ。逆に白ワンピのときは、ヘルシーなベージュメイクで甘く転ばせないんだって感心した。

S あれは甘くなりすぎるのを避けたかったんだよね。僕のそのさじ加減に気づいてくれるなんて、さすが希ちゃん。

N 今日だけじゃないけど、メイクしてもらいながらずっと観察してるから（笑）。

S ちょっと真面目な話をすると、メイクってファッションも含めて引きの視点で組み立てるのがすごく大事だと思ってて。想像しやすいところで言うと、フリフリのブラウスに可愛いメイクをしたら印象が甘すぎちゃうよね。大人が甘くなりすぎると洒落感から遠ざかってしまうから、そうならないように使うコスメをちょっとビターなものにしてみるとか、印象がひとつに傾きすぎないようにしてるかも。女性らしさとカッコいいムードが両立できたら、それだけで表情が洗練されると思うから。

N ささもんのスゴさは、そのバランス感覚にあるよね。目立つことをするわけではないのに、表情をとても垢抜けさせてくれるところが魔法みたい！　でも、いざ自分で実践するとなると難しいんだよね。眉の描き方とか、メイクの基礎的なところも未だにマスターできていないし……。

S そのあたりもこの本の中にしっかり盛り込ませていただいてます！

N 頼りになります！　絶対読まなきゃ。

S カバーモデル自らのお買い上げ、ありがとうございます（笑）。

Nozomi Sasaki

PROFILE：1988年2月8日生まれ、秋田県出身。モデルから女優まで幅広く活躍。また、2017年からはワンマイルウェアブランド「iNtimité」を手がける。洗練されたセンスにも注目が集まり、SNSのフォロワーも多数。

だって私自身、ささもんの
メイクの大ファンですから

希ちゃんはオールラウンダー
友情にも感動してしまった

INTERVIEW
WITH

Yu Hirukawa

メイクのバランス感覚が素晴らしい人

笹本（以下S）　游ちゃんのことはヘアメイクとしてデビューする前からもちろん知っていて。その頃から「めちゃくちゃ可愛い」って思ってたんですけど、実際に顔を合わせたときの第一印象も「実物はやっぱりめちゃくちゃ可愛い」だったな。パーツも造形も美しいし、肌も見たことないくらいピカピカで、透明感があって。

ものすごく感動したんだよね〜。游ちゃんは、僕の第一印象ってどうだった?

比留川游さん（以下H）　どうだったかな?　初めて会ったのってたしか「mina」の撮影だっけ……?　結構前のことだから、もう忘れちゃった。

S　カッコいいとか思ってたでしょ?

H　あははは（笑）。

S　コラコラ。笑ってごまかさない!

H　でも、ぽんささ（笹本）のヘアメイクは出会った当初も今も、いつも新鮮で楽しいなって思ってるよ。

S　お!　急にいいこと言うね。

H　コンサバ誌の撮影で会ってもコンサバっぽいメイクじゃないところとか、すごく好き。ジャンルにハマりすぎてないのもそうだし、いつもちゃんとポイントを作ってメイクをしてくれるのが素敵なんだよね。ヘアスタイルもチャレンジングなことをしてくれて「そうくるんだ」っていう新鮮な驚きをいつもプレゼントしてくれるから、本気で飽きないです。

S　照れますね（笑）。しかも、僕が普段メイク中に意識してることを全部代弁してくれてるところもスゴい。僕、メイクをするときにコンサバだからこうするとかそういうステレオタイプに囚われることがないんだよね。ファッションのテイストはもちろん意識するんだけど、その中で最大限自由にどんな表現ができるかってことを考えながらメイクを組み立ててるから。そのニュアンスを游ちゃんが汲み取ってくれてるのがすごくうれしい。

H　ありがとう。汲み取るもなにも、多分、私がここ数年で一番会ってるヘアメイクさんはぽんささだもん。こんなにお仕事をさせていただいてる媒体がかぶってるモデルとヘアメイクさんってなかなかいない気がする。メイクルームでどんなふうにメイクしてるのかをなんとなく見てるだけでも自然と伝わってくるよ。

S　え?　メイク中、サブスクで映画観てることが多いよね、游ちゃん。

H　そうだね。

S　僕ら2人がメイクルームにいるときの雰囲気って、いい意味でとにかくゆるいじゃん?　他愛もない世間話してることがほとんどだし……。

H　それもそうなんだけど、意外とメイクの仕方を観察してたりします（笑）。私だったら使わないような色をすごく上手に取り入れてくれたりするから「プライベートで参考にしたい」って思うことも結構あって。でも、いざ自分でしようとすると、どのくらいの量を使ってどこを引き算するのかがわからなくなっちゃうんだよね。ぽんささって、特にグリーンとかパキッとした色の使い方がすごく上手でしょ。ファッションとの組み合わせ方も絶妙で、どちらかが置いてけぼりになることもなくて。メイクをするうえでのバランス感覚が素晴らしい人なんだなってずっと思ってた。それがファッション誌とビューティ誌のどちらからも引っ張りだこな理由なのかな、って今回の撮影で確信したかも。

S　そんなに語ってくれて感謝。僕的には、游ちゃんがこの本の撮影に協力してくれたことが、ただただうれしい。その一言に尽きる。

H　最初にこの本のオファーをいただいたとき、ぽんささがどんなメイクを提案する本なのかすごく興味があったの。今日いろんなルックを作ってもらう中で、それも納得できた。それに何より、ひたすら楽しかった。

S ありがたいなあ。今日は#洒落コンメイクという軸の中で表現させてもらったけど、游ちゃんってどんなヘアメイクをしてもうまく落とし込んでくれる唯一無二のモデルさんだから、もっといろんなことにチャレンジしたくなっちゃうんだよね。

H 無駄にお洒落な撮影とかしたいよね。「この衣装で本当に？」って思わず突っ込みたくなるような、非日常なシューティング。私、ぽんささのそういうメイクって見たことがないから。もちろん#洒落コンメイクは素敵だけど、それはいつもの雑誌のお仕事でも、この本を通しても、充分世の中に伝わってるよね。だから次は、ちょっと冒険してみるのもいいかもしれない。

S たしかに！　絶対面白くなりそう。

H 海外ロケも行ってみたくない？

S 行ってみたい。夢は広がるばかりだね。

Yu Hirukawa

PROFILE：1986年2月5日生まれ、神奈川県出身。モデル。ファッションとビューティの枠を超えてあらゆるジャンルで活躍。「otonaMUSE」「LEE」「VOCE」などの女性誌やブランドムックからオファーが殺到。センスのよさにも注目が集まる。Instagram@mileyuuuuu

これからも一緒にいろんな作品を作っていきたいな〜

メイクのバランス感覚の素晴らしさにいつも感動

INTERVIEW

WITH

Harumi Sato

初めて会ったとき もうファンになってた

佐藤晴美さん（以下H） 笹本さんのヘアメイクって100パーセント委ねられるところがスゴいですよね。さすがプロだなって心の底から尊敬してます。今日の撮影も素敵すぎて、1カット宣材写真にさせていただこうとしてますもん(笑)。

笹本（以下S） 恐れ入ります！　晴美ちゃんの表現力も素晴らしくて、この本に出てもらえてよかったなって、1カット撮り終わるたびに感動してた。

H うれしい。振り返ってみると、3〜4年前に「sweet」で初めて会ったときにはもう、笹本さんのメイクのファンになってたかもしれないです。

S 懐かしい！　初めての現場はたしか時計の特集だったよね。

H そうです。あのときの写真がものすごく好きで、自分のスタイルブックにも載せようと思ってるくらい。我ながら、過去イチ盛れたんですよ。

S うれしい〜！　しかし、どこをそんなに気に入ってくれたの？

H メイクの抜け感とヘアのニュアンスがすごく新鮮だったんです。ナチュラルだけど血色感のあるメイクが好きだから、ドンピシャで好みだったんですよね。「こういうメイク、プライベートでもしてみたい」って素直に思ったんです。

S それはよかった！

H 笹本さんのヘアメイクって、ファッションとのバランスも絶妙じゃないですか。今日みたいなコンサバがテーマのときも、コーデがカジュアルだったらちょっとだけドラマティックにしてくれるし、逆にドレスアップっぽい服のときは抜け感を出してくれたりとか。

S そこ、すっごく大事にしてるからそう言ってもらえるの、うれしい。

H 実は私、笹本さんの現場のときはいつもメイクルームで「この衣装だったらこんな髪型でこんなメイクかな」って頭の中で予想してるんですよ。

S え！　あんなゆるっと世間話しながらそんなことしてたの？

H そうなんです。でも、笹本さんはいつも「あ、そっちね！」みたいな角度からヘアメイクをしてくれるから、全然当たらないの。いい意味で裏切られっぱなし(笑)。アイデアのレパートリーがすごくたくさんあるんだもん。ヘアスタイルのニュアンスの作り方も絶妙じゃないですか。そんな神の手の持ち主なのに、驚くほど気さくですよね。一緒にいて、すごくリラックスできるのもすごくありがたいです。つい指名したくなっちゃいます。

S いつでもお待ちしてます(笑)。しかし我ながら、話しやすさには至る所で定評があるな〜。一部で〝ベリーショートのおばさん〟って呼ばれてるくらい、男性にカウントされてないからね、僕(笑)。

H あはは。あと笹本さんのスゴいところは、ファッションの着回しみたいなカット数が多い撮影のときもヘアメイクが変幻自在なところ。どんなにハードでも最後の1カットまでヘアメイクを楽しみながら、素敵に作って下さることがうれしくて、いつも尊敬しています。私も見習いたいです。

S ヘアメイク以外も褒めてくれた(笑)。

H それから私、眉が濃いのがずっとコンプレックスだったんです。

S 晴美ちゃんは、それが可愛いのに！

H ありがとうございます。今でこそそんなふうに自分の眉を愛せるようになったんですけど、それも笹本さんのおかげなんですよ。私の眉、濃いだけじゃなくて伸びるスピードもすごくて。うっかりするとゲジ眉になっちゃうじゃないですか。いくら意志のある眉がトレンドでもそれは強すぎるよ〜ってくらい。それを、ナチュラルだけど存在感のある理想の眉に変身させてくれたんですよね。感謝！

S 変身させるも何も、もともとある毛流れを活かしただけで、特別なことは何もしてないんだけどね〜。

H そういうスゴいことをさらっとやっちゃうところがまたスゴいんですよ。

S 褒めすぎ、褒めすぎ。そういう晴美ちゃんこそ素晴らしいモデルさん。美人でスタイルがいいのはもちろんだけど、性格が気持ちいいんだよね。それがオーラになって表情につながるところが最大の魅力なんじゃないかな。今日だって正直、捨てカットが一枚もなかったってくらい完璧だった！ ずっとロングだった髪をボブにしたのも大正解じゃない？ 洒落感がさらに増した気がする。

H うれしい。こんなに褒められることってなかなかないです（笑）。セルフメイクの現場も結構あるから、この本を参考に私もヘアメイクの腕、上げますね。メイクルームだと追いかけるのが大変だけど、本ならじっくり読み返せるから安心。

S 願いまーす！

Harumi Sato

PROFILE：1995年6月8日生まれ、山形県出身。圧倒的なプロポーションを活かしてモデルとして活躍。素顔やキレイの秘密を詰め込んだ初のスタイルブック『sweet特別編集 H』が発売中。Instagram@sato_harumi_official

美人でスタイルもよくて
性格も最高なんて完璧

神の手の持ち主なのに
驚くほど気さくですよね

SHOP LIST

RMK Division	0120-988-271
Awake	0120-586-682
アヴェダ お客様相談室	0570-003-770
アディクション ビューティ	0120-586-683
アナ スイ コスメティックス	0120-735-559
アラミック	072-728-5150
アリエルトレーディング	0120-201-790
アンプリチュード	0120-781-811
イヴ・サンローラン・ボーテ	0120-526-333
イミュ	0120-371367
uka Tokyo head office	03-5843-0429
UZU BY FLOWFUSHI	0120-963-277
エスティ ローダー	0570-003-770
エッシー お客様相談室	0570-200-634（2022年末にて終了）
エッフェオーガニック	03-3261-2892
MiMC	03-6455-5165
オズ・インターナショナル	www.masonpearson.jp
カネボウ化粧品	0120-518-520
クリニーク お客様相談室	0570-003-770
クレ・ド・ポー ボーテ お客さま相談室	0120-86-1982
ケサランパサラン カスタマーセンター	0120-187178
コーセー	0120-526-311
コーセーコスメニエンス	0120-763-328
コスメキッチン	03-5774-5565
コスメデコルテ	0120-763-325
志々田清心堂	072-961-0255

資生堂／資生堂インターナショナル お客さま窓口	0120-81-4710
SHISEIDO お客さま窓口	0120-587-289
シュウ ウエムラ	0120-694-666
ジョンマスターオーガニック	0120-207-217
SUQQU	0120-988-761
THREE	0120-898-003
セルヴォーク	03-3261-2892
ツイギー	03-6434-0518
TAT inc.	03-5428-3488
DOLCE&GABBANA BEAUTYお客様窓口	0120-500-722
NARS JAPAN	0120-356-686
ネイチャーズウェイ	0120-060802
白鳳堂	0120-1425-07
パナソニック 理美容・健康商品ご相談窓口	0120-878-697
パルファン・クリスチャン・ディオール	03-3239-0618
ビーバイ・イー	0120-666-877
ベアミネラル	0120-24-2273
ポーラ	0120-117111
メイベリン ニューヨーク お客様相談室	03-6911-8585
モロッカンオイル ジャパン	0120-440-237
ラ ロッシュ ポゼ お客様相談室	03-6911-8572
ランコム	0120-483-666
ロージーローザ	0120-253-001
ローラ メルシエ ジャパン	0120-343-432
ロレアル プロフェッショナルお客様相談室	03-6911-8321

大人の女性の皆さんにメイクをもっと自由に軽やかなマインドで楽しんでほしい。そして、コンサバというジャンルをお洒落に昇華させてほしい。そんな思いから『コンサバメイク革命』の製作はスタートしました。

本来、〝保守的な〟や〝控えめな〟などの意味を持つ〝コンサバ〟という言葉。ファッションやメイクにおいては、ダサい、お洒落の幅が狭い、お洒落じゃない人の代名詞、流行から置いてけぼりになっている……などなど、世間一般的に連想されるイメージは残念ながらあまりポジティブなものではないですよね。

何年もヘアメイクのお仕事をさせていただく中で、僕はその現実にずっとモヤモヤしていました。だって本来、コンサバなファッションやヘアメイクってものすごくお洒落。清潔感があって、女性特有の柔らかさもはらんでいる。根底に品のよさが漂っているから、凛としたイメージに振っても、スタイリッシュにキメても好印象。センスが研ぎ澄まされているから、派手なことをしなくても素敵に映るんですよね。

それってつまり、コンサバがどんなシーンでも女性が一番キレイに輝けるテイストだということ。こんなにいいとこ取りなジャンルを、僕はほかに知りません。

にもかかわらず、ヘアメイクにおいても制限があると思われがちなコンサバ。実際は全然そんなこと、ないのに。たとえば、オフィスに行く日に大活躍のブラウン系アイシャドウパレットだって、プレーンなベージュリップだって、アイテムの選び方や使い方次第で簡単に表情がブラッシュアップできる。この本の中で何度も語ってきた通り、ベーシックなメイクだからこそ、絶妙なさじ加減で印象の変化を楽しめるのもコンサバメイクの醍醐味なんだと思います。職場から一歩離れたら、ビビッドなリップやアイライナーなんかも積極的に楽しめる余地だってある。ほら、コンサバを前向きに捉えるだけで、お洒落度が上がる可能性が一気に広がりを見せた気がしませんか？

そもそも僕は、ヘアメイクの仕事をさせていただく中で、ジャンルに縛られること自体がないんですよね。中高生の頃はブラックミュージックが大好きで、来る日も来る日も貪るようにミュージックビデオに見入っていました。高校生の頃はコム デ ギャルソンが提案するスタイルに夢中になったりもした。そういう若い頃に自分が好きだったものがヘアメイクをするうえで常にインスピレーションの源になっていて、コンサバ誌の現場でもストリート誌の現場でも「このジャンルにコレを落とし込んだら面白いかも」という発想で、自由にヘアメイクを組み立てています。そして、皆さんにも僕みたいなマインドでコンサバの中でできることをどんどん見つけて、実践していってほしい。そう願います！

コンサバをお洒落にブラッシュアップできたら絶対に無敵ですから。
#洒落コンメイクをマスターして、

胸を張ってコンサバ！

笹本 恭平

笹本恭平　（ささもと・きょうへい）

ヘアメイクアップアーティスト

1982年生まれ、熊本県出身。
2013年よりilumini.incに所属。
卓越したセンスとオリジナリティ溢れる抜け感の作り方に定評があり、「笹本さんがヘアメイクをすると誰でも圧倒的にお洒落になる」と、ビューティ誌、ファッション誌ともにひっぱりだこの大人気ヘアメイクアップアーティスト。愛称はささにぃ。

Staff
撮影：菊地泰久（モデル）［vale.］、山口恵史（物）
スタイリング：高木千智
ヘアメイク：笹本恭平［ilumini.inc］
モデル：佐々木希（カバー）
　　　　比留川游、佐藤晴美、井桁弘恵
ヘアメイクアシスタント：日高 咲
マネージメント：坂元千瑛［ilumini.inc.］

デザイン：福本香織
DTP：藤田ひかる［株式会社ユニオンワークス］
編集：石橋里奈、小寺智子［講談社］

衣装　すべてスタイリスト私物

講談社の実用 BOOK

コンサバメイク革命《かくめい》

2021年 6月 10日　第 1刷発行

著者：笹本《ささもと》 恭平《きょうへい》

発行者：鈴木章一
発行所：株式会社講談社
〒112-8001 東京都文京区音羽 2-12-21
TEL：編集　03-5395-3400
販売　03-5395-4415
業務　03-5395-3615
印刷所：凸版印刷株式会社
製本所：大口製本印刷株式会社

ISBN 978-4-06-523762-5